Nähen

Nähen

Eine Schritt für Schritt-Anleitung

ROS BADGER

Parragon

Bath • New York • Cologne • Melbourne • Delhi
Hong Kong • Shenzhen • Singapore

Text: Ros Badger
Entwürfe: Ros Badger
Redaktion: Sarah Hoggett
Layout: Sue Pressley und Paul Turner,
Stonecastle Graphics Ltd
Fotos: The Photography Firm on location at
The Tack Barn, Upper Lodge, Sussex, UK.

Chartist House
15–17 Trim Street
Bath BA1 1HA, UK
www.parragon.com

Realisation der deutschen Ausgabe:
trans texas publishing services GmbH, Köln
Übersetzung: Wiebke Krabbe, Damlos
Satz und Redaktion: lesezeichen Verlagsdienste, Köln

ISBN 978-1-4748-2836-9
Printed in China

HINWEIS

Alle in diesem Buch veröffentlichten Modelle und Anleitungen unterliegen dem Urheberrecht. Jede gewerbliche Nutzung der Arbeiten und Entwürfe ist nur mit Genehmigung des Verfassers und des Verlages gestattet. Bei der Verwendung im Unterricht ist auf dieses Buch hinzuweisen.

Die im Buch veröffentlichten Ratschläge und Anleitungen wurden von Verfasser und Verlag sorgfältig erarbeitet und geprüft. Eine Garantie kann dennoch nicht übernommen werden. Ebenso ist die Haftung des Verfassers bzw. des Verlages und seiner Beauftragten für Personen-, Sach- und Vermögensschäden ausgeschlossen.

Bildnachweis:
Stonecastle Graphics Ltd: S. 47; S. 57; S. 58 Reihe 3 links; S. 65; S. 70 oben rechts; S. 75 unten links; S. 76; S. 79 oben; S. 84; S. 93; S. 113; S. 116; S. 119 unten.
iStock.com: S. 8 Reihe 1 rechts, Reihe 3 rechts, Reihe 4 rechts; S. 10 unten links; S. 11 Reihe 1 links, Reihe 1 rechts, Reihe 2 Mitte, Reihe 3 links, Reihe 3 rechts, Reihe 4 links; S. 12 unten links; S. 14 oben links, unten rechts; S. 16 oben rechts; S. 21 oben; S. 22 unten; S. 23 oben links, unten rechts; S. 24 unten links; S. 25; S. 26 oben links; S. 28 unten rechts; S. 31 Reihe 3 links, Reihe 4 rechts; S. 37 Reihe 1 links, Reihe 1 rechts, Reihe 2 links, Reihe 3 links, Reihe 3 Mitte, Reihe 3 rechts, Reihe 4 links, Reihe 4 rechts.
Shutterstock.com: S. 7; S. 8 Reihe 1 links, Reihe 3 links; S. 11 Reihe 2 links, Reihe 3 Mitte, Reihe 4 rechts; S. 13 oben rechts; S. 17 unten rechts; S. 18 unten links; S. 19; S. 26 unten rechts; S. 31 Reihe 1 links, Reihe 1 Mitte, Reihe 2 Mitte, Reihe 2 rechts, Reihe 3 Mitte, Reihe 4 links; S. 33 unten links; S. 34 unten; S. 37 Reihe 2 Mitte; S. 38 Reihe 1 links; S. 53.
Cover: vorne v.o.n.u.: Shutterstock.com, alle übrigen: The Photography Firm; hinten: The Photography Firm.

INHALT

VORWORT

Bedruckte Baumwolle, griffiges Leinen, feine Seide, edler Samt – ein Rundgang in einem Stoffgeschäft macht Lust darauf, etwas Schönes zu nähen. Und das ist gar nicht so schwer. Alles, was Sie wissen müssen, möchte ich in diesem Buch erklären.

Ich selbst habe bereits als kleines Mädchen das Nähen für mich entdeckt. Meine Puppenkleider waren mit großen Vorstichen zusammengehalten, manchmal mit Sicherheitsnadeln, Heftklammern und Klebeband. Aber ich habe damals begriffen, dass man aus einem Stück Stoff wunderbare Dinge zum Anziehen oder für die Wohnung machen kann. Ich staune noch heute darüber! Und weil mich immer wieder Menschen bitten, ich möge ihnen zeigen, wie man näht, geht es mir wohl nicht allein so. Darum habe ich mich entschieden, diesen Ratgeber zu schreiben, um Ihnen das Grundwissen für viele eigene Kreationen zu vermitteln. Es ist kein Meisterkurs mit Tipps und Tricks, an die sich nur Experten wagen würden, sondern ein Buch für Einsteiger, die sich erst einmal mit ihrer Nähmaschine vertraut machen möchten. Im ersten Kapitel lernen Sie die absoluten Grundlagen, danach folgen Projekte zum Nachmachen, die Sie gern individuell abwandeln können.

Wenn Sie noch nie genäht haben, arbeiten Sie zuerst das Kapitel „Grundwissen" durch. Dort werden Techniken des Nähens von Hand und mit der Maschine erklärt, die Sie immer wieder brauchen werden. Üben Sie auf Stoffresten – fragen Sie Freunde danach.

Die Projekte sind nach Schwierigkeitsgrad geordnet, aber im Grunde sind alle so einfach, dass auch Einsteiger sie bewältigen können. Komplizierte Nähte oder Reißverschlüsse werden Sie nicht finden, und für die meisten Projekte müssen Sie nicht viel mehr beherrschen als eine (einigermaßen) gerade Naht. Wenn Sie einige dieser Modelle genäht haben, werden Sie sicher genug sein, um sich an Projekte aus anderen, anspruchsvolleren Büchern oder Zeitschriften zu wagen oder sogar eigene Entwürfe umzusetzen.

Variieren Sie alles nach Lust und Laune. Wenn Sie das Motiv, das ich auf ein Brillenetui gestickt habe, lieber auf einem Kissen hätten, nur zu! Gefällt Ihnen der Patchwork-Quilt, aber Sie wollen kein so großes Modell nähen, probieren Sie es mit einem Schminktäschchen.

Vor allem sollten Sie meine Stoffauswahl nur als Vorschlag betrachten. Suchen Sie Farben und Muster nach persönlichem Geschmack aus. Für manche Modelle habe ich dezente Farben oder einfarbige Stoffe wie Leinen verarbeitet, aber Sie können sich ebenso gut für einen farbenfrohen Druckstoff entscheiden. Wenn Sie beispielsweise einen einfarbigen oder nostalgischen, klein gemusterten Stoff durch einen peppigen, groß gemusterten ersetzen, wirkt das Modell völlig anders.

Lassen Sie sich von Farben und Musterkombinationen in anderen Büchern oder Zeitschriften inspirieren oder schauen Sie sich in den Geschäften um. Sie könnten sogar ein Notizbuch mit Stoffmustern und Farbideen zusammenstellen und mitnehmen, wenn Sie Stoffe einkaufen. In vielen Stoffgeschäften und Online-Shops bekommt man kleine Muster, damit man Dessin und Qualität des Stoffs beurteilen kann, bevor man größere Mengen kauft.

Heute stammen fast alle Kleidungsstücke und Wohnaccessoires aus Massenproduktion, meist aus Fernost. Wer selbst schneidert, besitzt Unikate, die es nirgendwo zu kaufen gibt. Gerade darum macht das Nähen so viel Spaß. Und natürlich schwingt auch eine Portion Stolz mit, wenn man sagen kann „Das habe ich selbst gemacht". Ich hoffe, Sie mit diesem Buch fürs Nähen begeistern zu können.

Ros Badger

GRUNDWISSEN

Nähen ist ein kreatives und überaus befriedigendes Hobby. Das Beste ist, dass Sie dafür keine Spezialkenntnisse brauchen. Sie müssen nur eine Nähmaschine bedienen können, um schöne Unikate zu schneidern, um die man Sie beneiden wird.

In diesem Kapitel lernen Sie die wichtigsten Werkzeuge kennen. Sie erfahren alles Wesentliche über Stoffe und die ersten Stiche.

AUSRÜSTUNG

Der Fachhandel bietet ein riesiges Angebot an Nähzubehör, aber für den Anfang brauchen Sie gar nicht viel. Raffinierte Extras können Sie später nach und nach anschaffen, wenn Sie genug Übung für anspruchsvollere Modelle haben.

WERKZEUGE ZUM MESSEN UND MARKIEREN

Bei jedem Nähvorhaben müssen zuerst die Stoffteile ausgemessen und mit Markierungen versehen werden. Das richtige Werkzeug sorgt für die nötige Genauigkeit.

Maßband

Ein Maßband ist flexibel und mit einer Zentimeterskala bedruckt. Kaufen Sie ein hochwertiges Maßband, denn Sie werden es ständig benutzen. Ideal ist ein Exemplar aus Leinen. Kunststoffmaßbänder können reißen oder schmelzen, wenn sie mit einem heißen Bügeleisen in Berührung kommen.

Sinnvoll ist, ein zweites Maßband mit Aufrollmechanismus zu kaufen, das Sie zum Einkauf von Stoff und Kurzwaren in der Handtasche mitnehmen können.

Meterstab

Ein starrer Meterstab aus Holz ist praktisch, um Schnittmuster zu zeichnen, Vorlagen zu vergrößern oder mit Schneiderkreide gerade Striche zu ziehen. Für größere Projekte ist ein zusammenklappbarer Zollstock sinnvoll.

Nähmaß

Ein kleines Nähmaß brauchen Sie zum Anzeichnen von Säumen, Falten oder Knopflöchern – also eher kleine Maße auf flach liegendem Stoff. Es gibt diese Nähmaße in verschiedenen Ausführungen. Praktisch sind 15 cm lange Modelle aus Aluminium mit einem verstellbaren Schieber.

Angeboten werden auch Nähmaße aus Kunststoff, auf denen gängige Breiten für Nahtzugaben und Saumbreiten angezeichnet sind. Sie sind nützlich für Änderungs- und Patchworkarbeiten.

Zum Anzeichnen gut sichtbarer Markierungen, etwa gerader Schnittlinien oder der Umrisse von Stickmotiven, gibt es verschiedene Möglichkeiten. Die Wahl ist letztlich eine Frage der persönlichen Vorliebe. Probieren Sie aus, womit Sie am besten zurechtkommen. Es empfiehlt sich auch, auf einem Stoffrest zu testen, ob die Striche mit dem gewählten Werkzeug deutlich zu erkennen sind und – ebenso wichtig – sich leicht wieder entfernen lassen.

Schneiderkreide

Schneiderkreide eignet sich gut, um Schnittkonturen vor dem Zuschneiden auf den Stoff zu übertragen. Sie wird in Form von Plättchen angeboten, aber es gibt auch Stifte, die sich gut anspitzen lassen, um damit dünne Striche und exakte Markierungen anzuzeichnen, etwa für die Positionen von Taschen oder Knopflöchern.

Textilstifte

Bei Textilstiften haben Sie die Wahl zwischen auswaschbaren und selbstlöschenden Typen. Selbstlöschende Stifte sind praktisch für Projekte, an denen Sie gleich weiterarbeiten. Wenn Sie den Stoff aber einige Tage zur Seite legen, kann es passieren, dass die Markierungen verschwunden sind! Striche wasserlöslicher Stifte lassen sich oft mit einem feuchten Tuch abwischen oder verschwinden in der Wäsche – jedoch nicht in der chemischen Reinigung. Bügeln Sie keinesfalls über Striche, die Sie mit auswaschbaren Stiften gezeichnet haben, denn dadurch können sie dauerhaft fixiert werden.

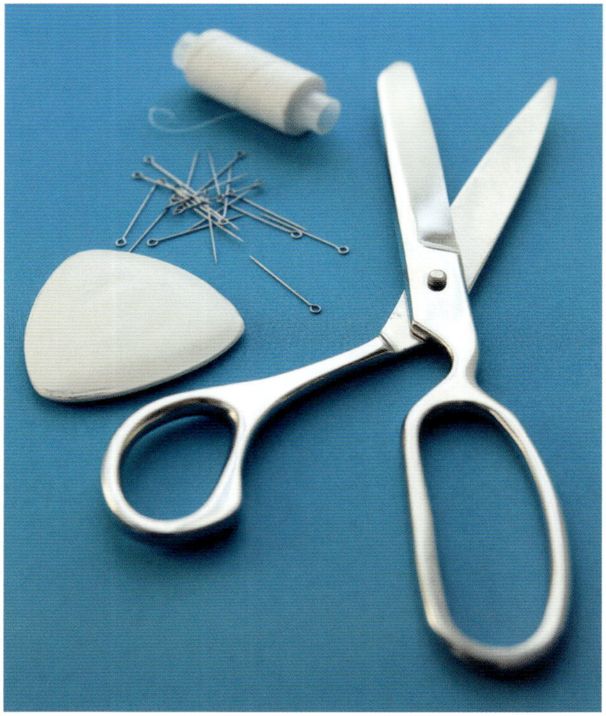

Schneiderkopierpapier und Kopierrädchen

Schneiderkopierpapier gibt es in verschiedenen Farben. Es wird mit der beschichteten Seite nach unten auf den Stoff gelegt. Darauf legen Sie Ihr Schnittmuster oder Stickmotiv. Dann zeichnen Sie die Konturen mit einem nicht zu spitzen Bleistift nach (dabei entsteht eine durchgehende Linie), oder Sie verwenden ein Kopierrädchen, das eine gestrichelte oder gezackte Linie erzeugt.

WERKZEUGE ZUM SCHNEIDEN

In den Nähkasten gehören unbedingt verschiedene Schneidewerkzeuge. Mit einer Allzweckschere kommen Sie leider nicht aus. Sie brauchen mindestens drei: eine Papierschere, eine Schneider- oder Stoffschere und einen Fadenabschneider oder eine Stickschere zum akkuraten Abschneiden von Fadenenden. Alle Modelle gibt es im Fachhandel – auch für Linkshänder. Außerdem benötigen Sie einen Nahttrenner für schiefe Nähte und andere kleine Pannen, die nun einmal passieren.

Papierschere

Eine Papierschere oder Haushaltsschere wird zum Zuschneiden von Vorlagen und Schnittmustern verwendet. Benutzen Sie sie nicht für Stoff, denn das Papier macht die Klingen schnell stumpf, sodass im Stoff keine akkuraten Schnitte gelingen.

Schneiderschere

Eine Schneider- oder Stoffschere sieht anders aus als eine Haushaltsschere. Sie hat einen abgewinkelten Griff, damit der Stoff beim Schneiden nicht zu weit von der Arbeitsfläche abgehoben wird. Die Klingen sollten mindestens 20 cm lang sein. Lassen Sie die Schneiderschere regelmäßig schleifen und verwenden Sie sie nur für Stoff – niemals für Papier, denn dadurch wird sie schnell stumpf. Eine gute Schneiderschere ist nicht billig, aber gut gepflegt hält sie viele Jahre.

Stickschere

Schaffen Sie sich zum Abschneiden von Fäden idealerweise zwei kleine, spitze Handarbeitsscheren von etwa 10 cm Länge an. Bewahren Sie eine in der Nähe der Nähmaschine auf. Die zweite legen Sie in den Nähkasten, den Sie für Handarbeiten benutzen. Kein Papier mit ihnen schneiden, sonst werden sie schnell stumpf.

Fadenabschneider

Diese kleinen Werkzeuge sind praktisch, um Näh- und Stickgarnfäden oder kleine Stoffecken abzuschneiden. Sie sind etwa 10 cm lang, haben keine Fingerlöcher, aber sehr scharfe Klingen.

Nahttrenner

Dieses Werkzeug hat eine gegabelte Spitze mit einer scharfen Klinge zwischen den Zinken. Es wird zum Auftrennen von Nähten und zum Aufschneiden von Knopflöchern benutzt. Entfernen Sie nach dem Auftrennen einer aufgetrennten Naht alle Fadenreste – eventuell mit einer Pinzette –, bevor Sie die Naht neu nähen.

Zackenschere

Eine Zackenschere ist nicht unerlässlich, aber sehr praktisch. Die gezahnten Klingen erzeugen eine gezackte Schnittkante. Gewebte Stoffe, die mit der Zackenschere zugeschnitten werden, fransen nicht so leicht aus. Bei Fleece und anderen nicht gewebten Stoffen tragen die mit der Zackenschere geschnittenen Nahtzugaben nach dem Wenden und Bügeln weniger auf, und bei Filz sehen gezackte Kanten sehr dekorativ aus.

Rollschneider

Rollschneider werden vor allem bei Patchworkarbeiten zum zügigen und exakten Zuschneiden kleiner Stoffteile verwendet. Legen Sie immer eine Schneidematte unter, um die Arbeitsfläche zu schonen und zu verhindern, dass der Stoff beim Schneiden verrutscht.

> **TIPP**
>
> Garn sollten Sie nicht abreißen oder gar abbeißen, sondern mit einer sehr scharfen Schere abschneiden – dann lässt es sich auch viel leichter einfädeln. Manchmal hilft es, den Faden im Winkel von 45° abzuschneiden.

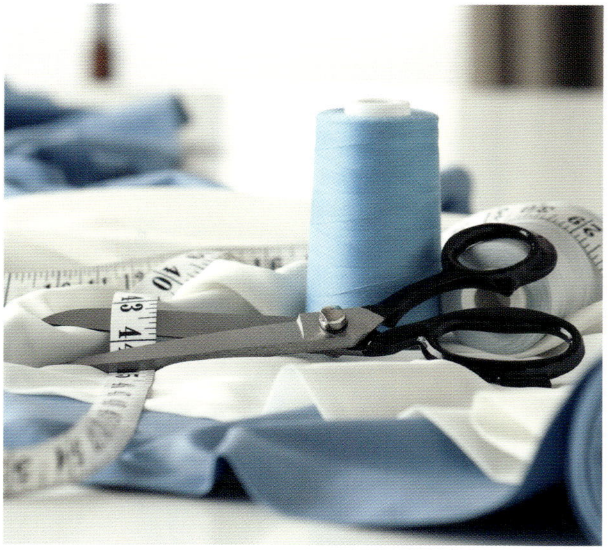

NÄH- UND STECKNADELN

Nadeln gibt es in großer Auswahl. Ob für die Handarbeit oder die Maschine: Wichtig ist, dass die Nadelspitze nicht schief ist oder einen Haken aufweist. Die Nadelstärke sollte auf die Stoffart abgestimmt sein.

Nadeln für die Handarbeit

Schaffen Sie sich mindestens eine lange, kräftige Nadel und eine feine an. Sinnvoller ist ein gemischtes Sortiment. Nähnadeln gibt es in verschiedenen Stärken – kräftigere für dicke Stoffe wie Jeans und dünne für zarte Stoffe wie Seide. Sie haben eine mittlere Länge, ein rundes Öhr und eignen sich für die meisten Stoffe.

Sticknadeln sind dicker und haben ein deutlich größeres Öhr. Sticknadeln mit Spitze werden für feste Stoffe verwendet, Sticknadeln ohne Spitze für Strick und für Stickerei auf grob gewebten Stoffen wie Handarbeitsleinen und Aida (Zählstoffe).

Spezielle Nadeln

Für Polsterarbeiten, Lampenschirme und andere Zwecke gibt es allerlei besondere Nadeln, beispielsweise gekrümmte oder abgeflachte Stahlnadeln mit einem hakenförmigen Ende.

Einfädelhilfe

Wenn Sie Mühe mit dem Einfädeln haben, verwenden Sie eine Einfädelhilfe. Das praktische kleine Werkzeug hat eine Drahtschlinge, die sich leicht durch das Nadelöhr schieben lässt. Dann fädeln Sie den Faden durch die Drahtschlinge und ziehen sie durch das Nadelöhr zurück.

Maschinennadeln

Wenn Sie die falsche Maschinennadel verwenden, können die Stiche unregelmäßig ausfallen oder die Fäden reißen, schlimmstenfalls drohen beulige Nähte oder Schäden am Stoff. Eine ungeeignete Nadel kann sogar die Spule beschädigen, darum ist es wichtig, sich ein gutes Sortiment anzuschaffen, um immer die richtige Art und Stärke zur Hand zu haben.

Maschinennadeln gibt es in verschiedenen Stärken. Je kleiner die Zahl, desto dünner ist die Nadel. Stärke 60 eignet sich beispielsweise für zarte Stoffe wie Seide, Stärke 100 für robuste Baumwolle oder Leinen.

Außerdem gibt es verschiedene Nadeltypen. Nadeln mit Spitze werden für gewebte Stoffe wie Baumwolle oder Leinen benutzt. Für Wirkware wie Jersey und Strick muss eine Nadel mit abgerundeter Spitze verwendet werden, die zwischen den Fäden des Stoffs durchdringt. Würde sie die Fäden durchstechen, könnten Laufmaschen entstehen.

In Nähmaschinen mit Zickzackfunktion und ausreichend großer Öffnung in der Stichplatte können Zwillingsnadeln eingesetzt werden – sie sind ideal für exakt parallel verlaufende Ziersteppereien. Wenn Sie häufiger Denimstoffe verarbeiten, sollten Sie sich ein Päckchen Jeansnadeln zulegen.

Stecknadeln

Ohne stabile, rostfreie Stecknadeln geht es nicht. Standardstecknadeln sind etwa 2,5 cm lang. Es gibt aber auch kürzere, dünnere Nadeln für zarte Stoffe und längere für Quilts.

Empfehlenswert sind Stecknadeln mit Glaskopf. Sie lassen sich leichter greifen als Nadeln mit flachem Metallkopf und sind im Stoff gut zu sehen. Kunststoffköpfe können bei Kontakt mit dem Bügeleisen schmelzen. Längere Stecknadeln sind außerdem praktisch für dicke Stoffe und Jersey.

Sicherheitsnadeln erleichtern viele Arbeitsschritte, etwa das Befestigen von Papierschnitten auf Stoff oder das Einziehen von Bändern und Gummis.

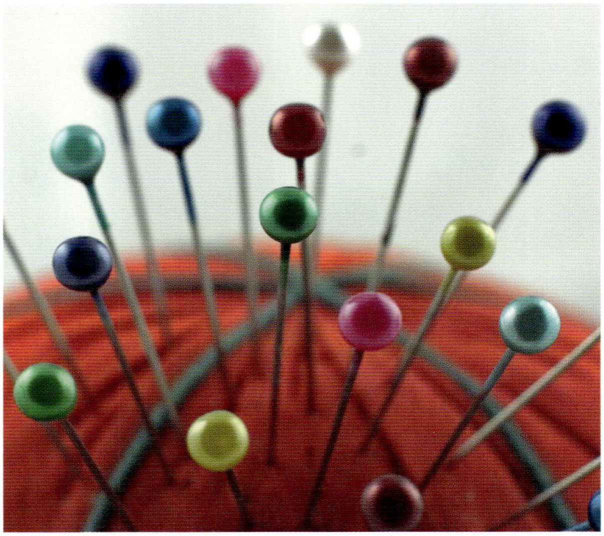

TIPP
Bewahren Sie Handnähnadeln immer in einer Schachtel auf. Eine Alternative ist ein Nadelkissen, in dessen Füllung sie nicht verschwinden können.

WELCHE MASCHINENNADEL WOFÜR?

Nadelstärke	Stoffstärke	Nadeltyp	Stoffart
8–11		Standard spitz	Chiffon, Organza, Voile
10 oder 12	feine, dünne Wirkware	abgerundet	Jersey
11		Standard spitz	Seide, Taft, dünne Baumwollgewebe, Leinen
14	mittlere Stärke	Standard spitz	Cord, Leinen, Samt, Wolle, Tweed
14	mittlere bis dicke Wirkware	abgerundet	dünner Drell, Popeline, Filz, Frottier, Sweatshirt- und Strickstoffe
16–18	mittlere bis dicke Webware	Standard spitz	dicker Wollstoff, Webpelz, Gabardine, dicker Drell
16	Jeans, Segeltuch	Denim / Jeans	Jeansstoff und Segeltuch
14 oder16	sehr dicke Gewebe	Leder	Leder

WEITERES ZUBEHÖR

Mit den folgenden Hilfsmitteln geht die Näharbeit besser von der Hand.

Bügeleisen und -brett

Ein Dampfbügeleisen und ein Bügelbrett brauchen Sie unbedingt. Professionelle Ergebnisse gelingen nur, wenn man beim Nähen häufig bügelt. Schaffen Sie sich ein gutes Bügeleisen mit beschichteter Sohle an. Je mehr Öffnungen sie hat, desto gleichmäßiger kann der Dampf den Stoff durchdringen.

Sinnvoll, aber nicht zwingend erforderlich ist ein Ärmelbrett oder ein Bügelkissen mit fester Füllung. Damit lassen sich Ärmel und andere Stoffschläuche leicht bügeln, ohne dass gleich unerwünschte Fältchen an anderen Stellen entstehen. Auch zum Auseinanderbügeln von Nähten an kleinen Teilen ist ein Ärmelbrett durchaus praktisch.

Nadelkissen

In einem Nadelkissen sind Steck- und Nähnadeln während der Arbeit gut aufgehoben. Langfristig sollten jedoch Nähnadeln nicht darin aufbewahrt werden – sie könnten in der Füllung verschwinden. Je fester die Füllung, desto besser. Traditionelle Füllmaterialien sind Naturfasern, Kleie oder Sägemehl; moderne Kissen bestehen aus Schaumstoff. Nadelkissen für das Handgelenk sind hilfreich beim Zuschneiden: immer zur Hand, aber nicht im Weg. Man kann sie fertig kaufen oder aus einem kleinen Nadelkissen mit rundem Pappboden und etwas Gummiband selbst machen.

Schachteln und Nadelbücher

Bewahren Sie Nähnadeln nach der Arbeit in einer Schachtel oder einem Nadelbuch auf. Heruntergefallene Nadeln sollten Sie sofort aufheben.

Ein kleines Nadelbuch sieht hübsch aus, aber ein Stück Stoff, in das die Nadeln gesteckt werden, erfüllt den gleichen Zweck. Ideal ist ein Nadelbuch mit mehreren „Seiten", um die Nadeln nach ihrer Art zu sortieren. Größere Sticknadeln können auch in einer Schachtel oder einem Röhrchen aufbewahrt werden.

Fingerhut

Kaufen Sie einen Fingerhut aus Metall mit kleinen Mulden in der Oberfläche, um Nadeln durch feste Stoffe zu drücken. Fingerhüte aus Gummi sind zum Nähen ungeeignet – sie dienen zum Umblättern von Seiten. Manche Schneider benutzen Fingerhüte mit offenem Ende, damit Sie den Stoff besser fühlen können.

DIE GRUNDAUSSTATTUNG

Unbedingt notwendig

Maßband
Meterstab oder Zollstock
Nähmaß
Schneiderkreide und/oder Textilstift
Scheren
- Papierschere
- Schneiderschere
- Stickschere oder kleine, spitze Schere
- Nahttrenner

Stecknadeln
Sicherheitsnadeln
Nadelkissen
Nadelbuch oder -schachtel
Fingerhut
Handnähnadeln und Sticknadeln in verschiedenen Stärken, Stopfnadel
Einfädelhilfe
Dampfbügeleisen und Bügelbrett
Nähmaschine mit Standard- und Reißverschlussfuß
Nähmaschinennadeln, verschiedene Stärken und Typen
Ersatzspulen für die Nähmaschine

Gut zu haben

Zackenschere
Rollschneider und Schneidematte
Pinzette (um Garnreste aus aufgetrennten Nähten zu zupfen)
Magnet zum Aufheben heruntergefallener Nadeln

TIPP

Baumwollgarn gibt es in vielen Farben. Es eignet sich für viele Näharbeiten, aber nicht für elastische Stoffe. Es gibt nicht nach und kann reißen, wenn der Stoff gedehnt wird.

NÄHGARNE

Die Wahl des Garns richtet sich nach dem Nähprojekt. Für die meisten Zwecke genügt Universalgarn aus Baumwolle oder Polyester. Wichtig ist, dass die Garnstärke auf den Stoff abgestimmt ist. Es wäre unsinnig, zarte Seide mit robustem Jeansgarn zu nähen.

Die Farbe sollte möglichst genau zum Stoff passen. Kaufen Sie das Garn darum am besten zusammen mit dem Stoff – und kaufen Sie genug! Wenn Sie kein Garn in exakt passender Farbe finden, wählen Sie eine etwas dunklere Nuance. Bei gemusterten Stoffen sollte das Garn auf die Hauptfarbe abgestimmt sein.

Sparen Sie nicht beim Garnkauf. Qualitativ minderwertiges Garn kann während des Nähens reißen. Das ist nicht nur lästig, weil immer neu eingefädelt werden muss, sondern die Ansätze sind auch zu sehen. Ebenso ärgerlich ist es, wenn die Nähte beim Tragen eines Kleidungsstücks reißen.

TIPP
Garn besteht aus Fasern, die miteinander verdreht sind. Wenn Sie Mühe beim Einfädeln haben, versuchen Sie es mit dem anderen Ende des Fadens. Das Garn ist entgegengesetzt gedreht.

Baumwollgarn eignet sich für viele Näharbeiten. Die meisten Qualitäten sind merzerisiert. Durch diese Veredlung haben sie einen leichten Glanz und lassen sich gut verarbeiten.

Universal-Baumwollgarn hat eine mittlere Stärke, mit der viele verschiedene Stoffe genäht werden können: Baumwolle, Leinen und Viskose in mittlerer Stärke, aber auch feine Stoffe.

Polyestergarn ist stabiler als Baumwollgarn. Auch dies ist in einer Universalstärke für viele Stoffe erhältlich. Manche Garne sind mit Silikon beschichtet, das die Reibung zwischen Stoff und Garn beim Nähen reduziert. Es kann für die meisten Hand- und Maschinenarbeiten verwendet werden. Für elastische Stoffe und Synthetiks eignet es sich besser als Baumwollgarn, weil es bei Dehnung etwas nachgibt.

Steppgarn ist dicker und kann, ebenso wie Knopflochgarn, für Ziersteppereien als Oberfaden verwendet werden. Als Unterfaden genügt ein Universalgarn aus Baumwolle oder Polyester.

Spezielle Garnqualitäten werden für besonders dicke Stoffe, etwa für Möbelbezüge oder Leder, im Fachhandel angeboten.

Transparentes Nähgarn ist nützlich für Nähte, die nahezu unsichtbar sein sollen. Legen Sie sich ruhig eine Rolle in den Nähkasten.

TIPP
Kaufen Sie Stickgarn immer in ausreichender Menge. Es wäre ein Jammer, wenn Sie beim Nachkauf die passende Farbe nicht mehr bekommen.

STICKGARNE

Mit ein paar einfachen Stickstichen lassen sich Alltagsgegenstände wie Kissen oder Servietten in edle Unikate verwandeln. Es gibt verschiedene Stickgarne mit unterschiedlicher Wirkung: Manche sind matt, andere glänzen oder glitzern.

Sticktwist wird in kleinen Strängen verkauft. Gängig ist Baumwolltwist, es gibt aber auch Qualitäten aus Seide und Leinen. Er besteht meist aus sechs Einzelfäden, die gemeinsam verarbeitet oder für feine Stickereien auch geteilt werden können.

Perlgarn besteht aus zwei Baumwollfäden, die miteinander verdreht sind. Es hat einen feinen Glanz und wird ebenfalls in kleinen Strängen angeboten.

Metallicgarne sind für Hand- und Maschinenstickerei erhältlich. Es empfiehlt sich, sie eher sparsam für Akzente einzusetzen.

STOFFE

Die wichtigste Entscheidung bei jedem Nähvorhaben ist die Auswahl des Stoffs. Der Stoff ist Ausdruck des persönlichen Stils und macht das fertige Ergebnis zu einem ganz individuellen Stück.

Lesen Sie sich vor dem Einkauf die Anmerkungen zum Schnittmuster genau durch, damit Sie wissen, welchen Stoff und welches Zubehör Sie brauchen. Der Stoffeinkauf ist aufregend. Sehen Sie sich in Ruhe um, und lassen Sie sich vom Angebot inspirieren. Scheuen Sie sich nicht, die Mitarbeiter um Rat zu fragen.

Wichtig ist, die richtige Webart und Faserzusammensetzung zu wählen. Achten Sie nicht allein auf Farbe oder Muster, sondern auch auf die angemessene Stoffqualität. Wenn Ihnen ein Stoff gefällt, kontrollieren Sie, ob Faserzusammensetzung und Webart sich für Ihr Modell eignen. Ob Pyjama, Abendkleid oder Kissen: Ein Stoff muss immer seinem Zweck gerecht werden. Es wäre völlig unsinnig, ein Sommerkleid aus Wolltweed oder ein Sitzkissen aus feiner Seide zu nähen.

Reiben Sie den Stoff Ihrer Wahl vorsichtig zwischen Daumen und Fingern. Wie fühlt er sich an? Ist er glatt oder rau, weich oder seidig, steif oder geschmeidig? Überlegen Sie, ob er sich für den geplanten Zweck eignet. Für ein Sommerkleid beispielsweise empfiehlt sich ein Stoff aus Naturfasern, der sich angenehm auf der Haut anfühlen soll. Für ein kleines Projekt ist ein großes Muster ungünstig, umgekehrt kommt ein kleines Muster bei einem großen Projekt nicht immer gut zur Geltung.

Wenn Sie eine Vorauswahl getroffen haben, rollen Sie etwa einen Meter vom Ballen ab, um den Fall des Stoffs zu beurteilen. Knüllen Sie eine Ecke mit der Hand zusammen, und prüfen Sie, ob er sich schnell wieder glättet. Ist das nicht der Fall, wird ein Kleidungsstück beim Tragen knittern.

TIPPS

Wenn Sie das Nähen erst lernen, kaufen Sie leichte Baumwollstoffe. Sie sind einfach in der Handhabung und preiswert.

An Chiffon, Satin und andere rutschige Stoffe sollten Sie sich erst wagen, wenn Sie mehr Erfahrung im Nähen gesammelt haben.

Bewahren Sie Stoffreste auf – zum Beispiel für Patchwork oder um neue Techniken zu üben.

Stoffe werden in verschiedenen Breiten gewebt. Gängige Breiten für Konfektionsstoffe sind 90 cm und 140 cm. Seide wird oft auch in 120 cm Breite angeboten, Importware aus England und den USA hat teilweise ganz andere Maße, also aufgepasst! Dekostoffe für Vorhänge und Möbelbezüge sind auch in deutlich größeren Breiten erhältlich. Auf gekauften Schnittmustern ist angegeben, wie viel Stoff in welcher Breite Sie benötigen. Wenn Sie mehrere kleinere Projekte nähen, müssen Sie eventuell die Mengenangaben in der Anleitung addieren, um den Stoffbedarf zu ermitteln.

Kaufen Sie von gemusterten Stoffen immer etwas mehr, um hässlichen Versatz an den Nähten zu vermeiden. Dasselbe gilt für Stoffe mit einer Strichrichtung (z. B. Samt oder Cord), bei denen alle Schnittmusterteile in derselben Richtung aufgelegt werden müssen. Bei anderen einfarbigen Stoffen können Sie einzelne Schnittmusterteile auch umdrehen, um möglichst wenig Verschnitt zu produzieren.

Am Stoffballen befindet sich ein Schild, auf dem die Faserzusammensetzung und Pflegehinweise aufgedruckt sind. Kaufen Sie vorzugsweise waschbare Stoffe, denn die Kosten für die chemische Reinigung können sich schnell summieren. Notieren Sie sich Besonderheiten zu Ihrem Stoff.

Kaufen Sie genug Stoff – lieber etwas mehr als zu wenig. Wenn Sie später Stoff nachkaufen müssen, besteht die Gefahr, dass er aus einer anderen Färbepartie stammt oder im schlimmsten Fall gar nicht mehr erhältlich ist.

Unten: *Probestücke verschiedener Stoffe*
Erste Reihe: Satin, Mantelwollstoff, Baumwolldruck, Hemdstreifen
Zweite Reihe: Drell, bedruckter Babycord, Filz, Canvas
Dritte Reihe: bedruckter Dekostoff, feines Leinen, gröberes Leinen, Baumwollsamt

TEXTILFASERN

Bei den Textilfasern sind drei Kategorien zu unterscheiden: Naturfasern, Synthetikfasern und Mischgewebe. Die Fasern können von Tieren stammen (Wolle, Seide), von Pflanzen (Baumwolle, Leinen, Jute), aus Mineralien erzeugt (Glasfasern) oder synthetisch hergestellt sein (Nylon, Polyester, Acryl).

- **Naturfasern:** Wolle, Seide, Baumwolle und Leinen.
- **Synthetikfasern** haben chemische Bestandteile. Zu ihnen gehören Nylon, Polyester, Acryl und Elasthan. Fasern aus Erdölprodukten stehen erst seit dem frühen 20. Jahrhundert zur Verfügung.
- **Mischgewebe** enthalten variierende Anteile von natürlichen und künstlichen Fasern.

Einen Grenzfall stellen Stoffe wie Viskose dar, die natürliche Inhaltsstoffe (z. B. Zellulose) enthalten, aber synthetisch hergestellt werden.

Stoffe werden in vielen verschiedenen Stärken produziert: von feinstem Gewebe für zarte Wäsche bis zu robustem Segeltuch für Zelte und Segel. Die Maßeinheit für die Faserstärke heißt Denier. Als „Mikrofaser" werden Stoffe bezeichnet, deren Faserstärke geringer als 1 Denier ist.

KURZWAREN

In diese Kategorie fallen all die kleinen Extras, die man zum Nähen braucht: Garne, Einlagematerialien, Schrägstreifen, Knöpfe, Druckknöpfe, Schnallen und Reißverschlüsse sowie dekoratives Zubehör wie Spitzen, Borten und Paspeln.

Wenn Sie Stoff für ein bestimmtes Modell kaufen, besorgen Sie auch alle dafür notwendigen Kurzwaren.

ZUSCHNEIDEN

Für einfache Nähprojekte muss oft nur ein Stoffquadrat oder -rechteck in einer bestimmten Größe zugeschnitten werden. Für andere Modelle sind Schnittmuster oder Vorlagen erforderlich.

VORLAGEN HERSTELLEN

Wenn Vorlagen in Originalgröße vorhanden sind, brauchen Sie diese nur auf Pappe zu übertragen. Die Pappvorlage legen Sie auf den Stoff und schneiden die Form mit einer scharfen Schere oder mit dem Rollschneider auf einer Schneidematte zu. Manche Vorlagen aus diesem Buch müssen vergrößert werden, die Prozentzahl ist jeweils angegeben. Eventuell müssen auch Teile zusammengeklebt werden, bevor Sie die Vorlage aus Pappe oder festem Papier ausschneiden.

STOFFE VORBEREITEN

Nur gebügelter Stoff liegt beim Zuschneiden ganz glatt. Dann werden die Stoffkanten begradigt. Manche Gewebe lassen sich fadengerade reißen, nachdem die Webkante eingeschnitten wurde. Bei anderen muss eine Linie im rechten Winkel zur Webkante angezeichnet werden, auf der der Stoff abgeschnitten wird.

Wird in der Anleitung gefordert, „im Stoffbruch" zuzuschneiden, wird der Stoff doppelt gelegt. Die Webkanten liegen genau aufeinander. Manchmal wird nur

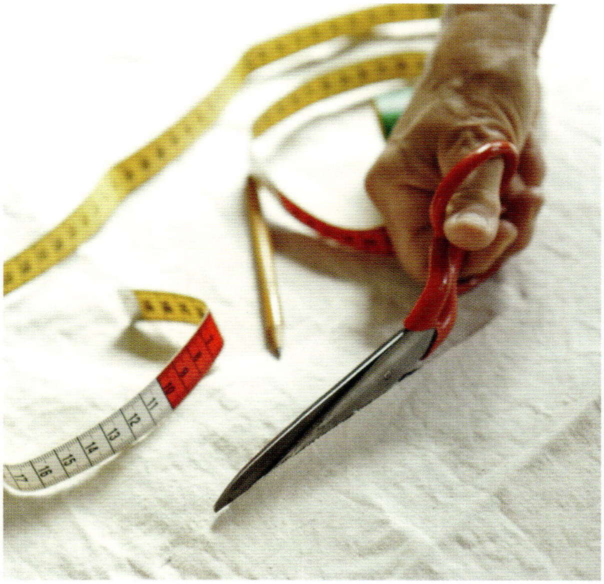

ein Teil doppelt gelegt. In diesem Fall achten Sie darauf, dass der Abstand zwischen Stoffbruch und Webkante gleichmäßig ist.

SCHNITTMUSTERTEILE AUFLEGEN

Vor dem Zuschneiden werden die Schnittmusterteile auf den Stoff gelegt. Dabei ist der Fadenlauf zu beachten. Passen Sie bei gemusterten Stoffen auf, dass die Laufrichtung auf allen Teilen gleich ist. Gekaufte Schnittmuster enthalten einen Schnittauflageplan, auf dem die Anordnung der Teile auf dem Stoff skizziert ist. Wenn Sie ohne eine solche Schemazeichnung zuschneiden, probieren Sie verschiedene Anordnungen aus, um unnötigen Verschnitt zu vermeiden.

ZUSCHNEIDEN

Stecken Sie die Schnittmusterteile so auf den gefalteten Stoff, dass beide Stofflagen erfasst werden. Dann können Sie die Konturen mit Schneiderkreide nachzeichnen, die Papierteile entfernen und den Stoff zuschneiden. Alternativ schneiden Sie mit einer scharfen Schneiderschere einfach um die Papierteile herum. Legen Sie die Hand, die nicht die Schere hält, auf das Papier. Dann die untere Klinge unter den Stoff schieben und mit langen, glatten Schnitten schneiden. Die untere Klinge hat dabei immer Kontakt mit der Arbeitsfläche.

FACHAUSDRÜCKE

Fadenlauf: Dies ist die Laufrichtung der Gewebefäden. Meist wird so zugeschnitten, dass der Fadenlauf der einzelnen Teile parallel zu den Webkanten verläuft. Auf gekauften Schnittmustern ist der Fadenlauf als Pfeil mit zwei Spitzen eingezeichnet. Beim Feststecken der Papierteile auf dem Stoff muss dieser am Fadenlauf ausgerichtet sein. Gewebte Stoffe sind quer zum Fadenlauf etwas dehnbar. Am größten ist die Dehnbarkeit gewebter Stoffe an Schnittkanten, die schräg zum Fadenlauf verlaufen.

Webkante: Dies sind die festen Längskanten des Stoffs, die nicht ausfransen.

Schuss- und Kettfäden: Gewebte Stoffe bestehen aus Kettfäden, die in Längsrichtung verspannt sind, und aus Schussfäden, die rechtwinklig zu den Kettfäden, also zwischen den Webkanten hin- und herverlaufen.

HANDSTICHE

Meistens werden Sie mit der Maschine nähen, aber manchmal muss auch mit der Hand gearbeitet werden. Darum sollten Sie die wichtigsten Stiche beherrschen. Auf den folgenden Seiten lernen Sie praktische und dekorative Stiche kennen.

Manche Handstiche sind rein zweckmäßig, etwa zum Säumen oder Schließen von Öffnungen. Andere dienen der Verzierung. Es kann in allen Phasen einer Näharbeit nötig sein, mit der Hand zu nähen, darum sollten Sie Nähnadeln in verschiedenen Stärken immer griffbereit haben und stets die richtige Nadel für das jeweilige Garn verwenden. Einige Grundfertigkeiten sind zum Nähen und Sticken wichtig.

EINFÄDELN

Länger als 50 cm sollte ein Faden nicht sein, sonst kann er sich bei der Arbeit verdrehen und verknoten. Den Faden nicht abreißen, sondern immer mit der Schere glatt abschneiden.

Ob die Nadel nun dick oder dünn ist: Beim Einfädeln gehen Sie immer gleich vor. Halten Sie die Nadel vor einen weißen Hintergrund, damit Sie das Öhr gut sehen können. Dann das glatt abgeschnittene Fadenende durch das Öhr fädeln. Wenn Sie dabei Mühe haben, verwenden Sie eine Einfädelhilfe. Das ist ein kleines Werkzeug mit einem Metall- oder Kunststoffgriff und einer rautenförmigen Drahtschlinge, die sich leicht durch das Nadelöhr schieben lässt. Dann fädeln Sie den Faden durch die große Drahtschlinge und ziehen diese durch das Nadelöhr zurück. Die Drahtschlinge nimmt den Faden auf ihrem Rückweg mit und schwupp – schon ist er eingefädelt.

Sticktwist und Perlgarn sind relativ dick und lassen sich nicht so leicht einfädeln. Sie können eine Einfädelhilfe benutzen oder einen Trick anwenden: Legen Sie ein Stück Nähgarn zur Schlaufe und schieben Sie diese 1 cm weit durch das Nadelöhr. Das Stickgarn durch die Nähgarnschlaufe schieben und die Nähgarnschlaufe durch das Nadelöhr zurückziehen. Sie nimmt den dickeren Stickfaden mit.

TIPP

Sie können Stickgarn auch so zwischen Daumen und Zeigefinger halten, dass Sie das Fadenende kaum noch sehen können. Nun nicht den Faden durch die Nadel schieben, sondern das Nadelöhr auf das fest zusammengedrückte und damit abgeflachte Fadenende stecken. Die Finger stabilisieren das kurze Fadenende, sodass es sich nicht wegbiegen oder ausfransen kann.

18
13
6
Mod. 14

TIPPS

Setzen Sie einen Fingerhut auf den Zeige- oder Mittelfinger, um die Nadel durch den Stoff zu drücken.

Wenn Sie spezielle Garne verwenden, wickeln Sie sie auf Spulen oder schneiden Sie vorab Fäden zu.

Spannen Sie beim Sticken den Stoff in einen Stickrahmen ein, damit er sich nicht verzieht und damit die Stiche gleichmäßig ausfallen.

Zum Sticken oder Nähen mit der Hand können Sie den Faden durch ein Stück Bienenwachs ziehen, damit er sich nicht verdreht oder verknotet.

ANFANG UND ENDE EINER NAHT

Wenn Sie mit der Hand nähen, binden Sie einen Knoten ins Fadenende, damit es nicht aus dem Stoff rutscht. Den Faden so um den Zeigefinger wickeln, dass er 1 cm übersteht.

Die Kreuzung des Fadens festhalten und mit dem Daumen zur Fingerspitze rollen. Wenn die Schlaufe vom Finger gleitet, hat sich ein Knoten gebildet. Soll der Knoten dicker werden, wiederholen Sie diesen Vorgang.

Alternativ können Sie am Anfang der Naht drei kleine Stiche an derselben Stelle nähen. Dadurch vermeiden Sie einen Knoten, der sich abzeichnen könnte, und der Nahtanfang ist trotzdem gesichert.

Rechtshänder halten grundsätzlich die Arbeit mit der linken Hand und nähen mit der rechten Hand von rechts nach links. Linkshänder halten die Arbeit mit der rechten Hand und nähen mit der linken Hand von links nach rechts.

Am Ende nähen Sie auf der Rückseite der Arbeit drei winzige Stiche an derselben Stelle und schneiden den Faden dicht am letzten Stich ab.

Wenn Ihnen ein Fehler passiert, nehmen Sie den Faden aus der Nadel und ziehen die Stiche vorsichtig wieder heraus. Alternativ die Stiche mit der Stickschere oder einem Nahttrenner durchschneiden und die Fadenstückchen mit der Pinzette entfernen.

DIE WICHTIGSTEN HANDSTICHE

Die folgenden Stiche sollten Sie kennen. Sie sind einfach und werden oft gebraucht. Verwenden Sie immer Garn, das zu Ihrem Stoff passt, und binden Sie einen Knoten ins Ende. (Wir haben farbiges Garn verwendet, damit die Stiche besser zu erkennen sind.)

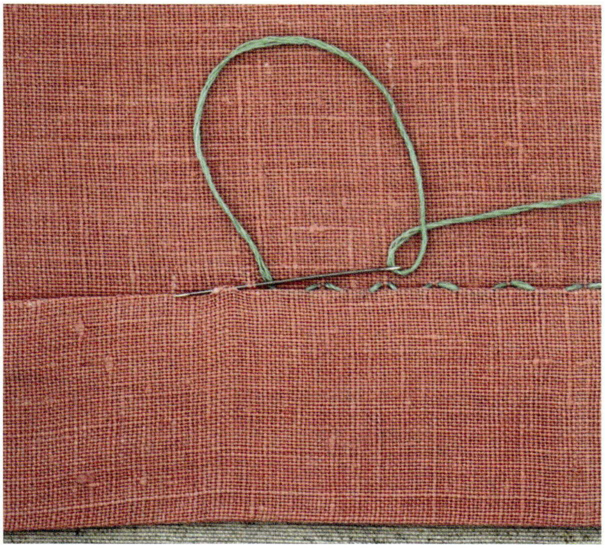

SAUMSTICH

Diesen Stich benötigen Sie für dezente Säume, um Stoffkanten miteinander zu verbinden, und für Schrägstreifen, die nicht abgesteppt werden sollen.

Die Stoffkante, die gesäumt werden soll, zweimal nach links einschlagen und bügeln.

Mit der Nadel so in den Saum (oder Schrägstreifen) einstechen, dass der Knoten im Bruch versteckt liegt.

Knapp über dem Bruch einstechen, dabei nur wenige Fäden des Stoffs fassen.

Den Faden vorsichtig und nicht zu straff durchziehen.

Genau im Bruch einstechen und 5 mm weiter links wieder herauskommen.

Wieder einige wenige Fäden des Hauptstoffs fassen. Fortlaufend wiederholen.

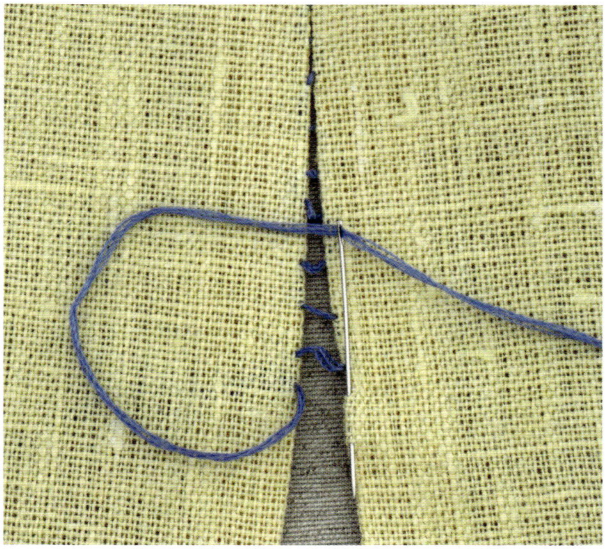

MATRATZENSTICH

Mit diesem Stich lassen sich Nähte, die zunächst zum Wenden, Ausstopfen oder Füllen offen bleiben müssen (z. B. an einem Nadelkissen oder Türstopper) nahezu unsichtbar schließen.

Die Nahtzugaben auf der linken Seite auseinanderbügeln – auch im Bereich der Öffnung, um dort scharfe Faltkanten zu erhalten. Dann auf rechts wenden.

Am Anfang der Öffnung von der linken Seite einstechen und genau im Bruch herauskommen. Der Knoten liegt im Bruch versteckt.

Genau gegenüber in den anderen Bruch einstechen und 5 mm weiter vorn herauskommen. Abwechselnd auf diese Weise in den rechten und linken Bruch einstechen, zwischendurch den Faden behutsam nachziehen.

Fortfahren, bis die Öffnung geschlossen ist. Den Faden durchziehen und auf der Rückseite verknoten oder vernähen.

TIPP
Achten Sie auf gleichmäßige Stichlängen und ziehen den Faden nicht zu fest, sonst wellt sich der Stoff.

LANGETTENSTICH

Dieser Stich kann auf der Fläche als Verzierung gearbeitet werden. Ebenso eignet er sich zum Versäubern von Kanten, damit sie weniger ausfransen, oder zum Verbinden zweier Stoffkanten. Besonders gut eignet er sich für Kanten nicht fransender Stoffe, z. B. Filz oder Fleece.

An der Stoffkante (bzw. auf der unteren Linie einer Stichreihe auf der Fläche) einstechen. Rechts vom Ausstich über der Stoffkante (bzw. an der oberen Linie der Stichreihe auf der Fläche) ausstechen, dabei den Faden unter die Nadelspitze legen.

Den Faden durchziehen: Es entsteht eine Schlinge. Fortlaufend wiederholen.

TIPP

Sticken Sie als Übung Vorstiche in verschiedenen Längen. Besonders gut eignet sich dafür Aida (Zählmusterstoff), der eigentlich für Kreuzsticharbeiten gedacht ist. Seine rasterförmig angeordneten Löcher helfen, gleichmäßige Stiche zu arbeiten.

VORSTICH

Die eingefädelte Nadel gut festhalten und auf und ab durch den Stoff stechen, bis sie „voll" ist. Die Stiche und ihre Abstände sollten dabei auf beiden Stoffseiten gleich groß sein.

Nadel und Faden durchziehen und fortlaufend wiederholen.

Als Variation können Sie auch lange und kurze Stiche abwechseln.

Der Vorstich wird auch zum Heften verwendet – also zum provisorischen Zusammenhalten von Teilen vor dem Nähen mit der Maschine.

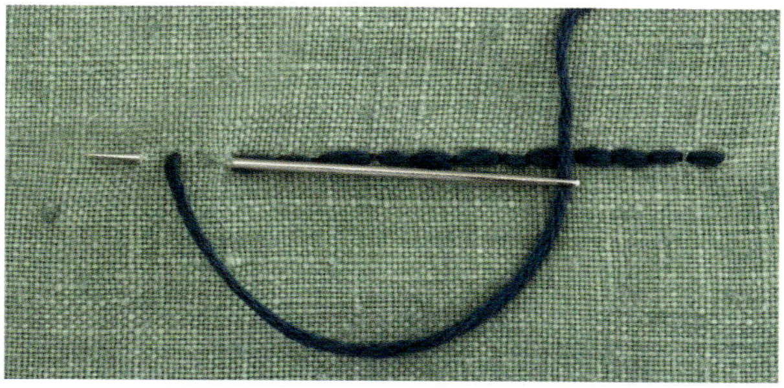

RÜCKSTICH

Dieser sehr stabile Stich eignet sich für handgearbeitete Nähte, aber auch zum Sticken von Linien, beispielsweise für Blütenstiele. Die Stiche sollten regelmäßig und kurz sein.

Von rechts nach links arbeiten. Etwa 5 mm links vom Beginn der Stichreihe zur rechten Stoffseite ausstechen. Dann genau am Beginn der Stichreihe (also 5 mm rechts vom Ausstich) wieder einstechen und 5 mm links vom Ausstich herauskommen. Den Faden durchziehen und fortlaufend wiederholen.

KNÖTCHENSTICH

Die Knötchen eignen sich gut für die Mittelpunkte kleiner Blumen.

Minimal rechts von der gewünschten Position des Knötchens zur rechten Stoffseite ausstechen.

Die Nadelspitze nach oben halten und den Faden zweimal herumwickeln. Dicht neben dem Ausstich wieder einstechen. Dabei die Wicklungen mit dem Daumennagel festhalten.

Soll das Knötchen dicker werden, können Sie den Faden drei- oder viermal um die Nadel wickeln.

ÜBERWENDLICHER STICH

Dieser Stich eignet sich gut zum Applizieren von Motiven aus Filz. Besonders schön sieht es aus, wenn man ihn mit kontrastfarbigem, glänzendem Garn arbeitet.

Wie der Rückstich kann er auch funktionell eingesetzt werden, denn beide Stiche halten Stofflagen zuverlässig zusammen.

Mit der Nadel knapp außerhalb der Motivkante zur rechten Stoffseite ausstechen. Innerhalb der Motivkante durch beide Stofflagen einstechen (im Foto oben der Blütenrand). Fortlaufend wiederholen, dabei auf gleichmäßige Stichlängen und -abstände achten.

ANLEGETECHNIK

Knapp außerhalb der Kante des Applikationsteils zur rechten Stoffseite ausstechen. Direkt neben der anderen Kante wieder in den Hintergrund einstechen. Nicht durch die Applikation stechen, der Faden überspannt sie lediglich.

Diese Technik eignet sich nur für schmale Applikationen, beispielsweise Blütenstiele (wie im Foto oben). Auch dickere Zierkordeln können mit der Anlegetechnik aufgenäht werden.

NÄHEN MIT DER MASCHINE

Es gibt Nähmaschinen in unterschiedlichen Preissegmenten, darum sollten Sie vor dem Kauf überlegen, welche Funktionen Sie brauchen. Schauen Sie sich verschiedene Modelle an, und probieren Sie sie nach Möglichkeit im Laden aus.

Nähmaschinen wurden während der Industriellen Revolution erfunden. An der Grundfunktion, nämlich zwei oder mehr Stofflagen haltbar miteinander zu verbinden, hat sich bis heute nichts verändert. Das gilt auch für technisch ausgefeilte Haushaltsnähmaschinen.

Der Steppstich wird mit zwei Fäden erzeugt. Einer wird vom Oberteil der Maschine aus durch die Nadel eingefädelt, der andere kommt von einer Spule in einem Gehäuse unter der Stichplatte. Jeder Faden verläuft auf seiner Stoffseite, und dort, wo die Nadel den Stoff durchsticht, werden die beiden Fäden einmal umeinander gedreht. So entsteht eine gerade Reihe aus Stichen, deren Länge variiert werden kann. Die meisten Nähmaschinen verfügen darüber hinaus noch über verschiedene andere Stiche.

Sie müssen zwischen einer elektronischen Maschine oder einem einfacheren, elektrischen Gerät wählen. Die folgende Ausstattung sollte zur Verfügung stehen:

- Rückwärtstaste oder -hebel
- Zickzack und eventuell andere Zierstiche
- Reißverschlussfuß, Knopflochfuß, Blindsaumfuß (gehört bei manchen Maschinen zum Zubehör, kann aber auch separat gekauft werden)
- Fadenabschneider

TIPP
Achten Sie darauf, dass die Maschine schwer und fest auf dem Tisch steht und nicht wackelt.

Überlegen Sie auch, wie robust die Maschine sein soll. Ein kleines, leichtes Modell eignet sich für Accessoires und Kleidungsstücke. Für mehrere Lagen dicken Stoffs, etwa für isolierende oder verdunkelnde Vorhänge, brauchen Sie aber möglicherweise ein kräftigeres Modell mit größerer Durchschlagskraft.

TIPP
Arbeiten Sie immer auf einer ebenen Arbeitsfläche, die groß genug für die Maschine, den Stoff und das Zubehör ist.

RICHTIG EINFÄDELN

Sowohl der Oberfaden, der von der oberen Garnrolle zur Nadel führt, als auch der Unterfaden unter der Stichplatte müssen durch verschiedene Führungen und Spanner geführt werden. Es ist wichtig, beide korrekt einzufädeln, sonst verheddern sich die Fäden. Lesen Sie im Handbuch Ihrer Nähmaschine nach, wie Sie beim Einfädeln von Ober- und Unterfaden vorgehen müssen.

Bei allen Maschinen muss vor dem Einfädeln des Oberfadens der Nähfuß angehoben werden. Dadurch wird die Fadenspannung gelockert und der Faden lässt sich leicht durchziehen. Die Nadel muss in die höchste Position gestellt werden.

Spulen gibt es in verschiedenen Ausführungen. Achten Sie darauf, den richtigen Typ und die richtige Größe für Ihre Maschine zu verwenden.

AUFBAU DER NÄHMASCHINE

Das Design von Nähmaschinen variiert, aber die folgenden Elemente sind bei allen ähnlich:

A Klappe des Spulengehäuses (hier offen)
B Spulenkapsel
C Stichplatte
D Transportzähnchen
E Nähfuß
F Nadel
G Fadenführung
H Spannungsregler
I Fadenführung
J Stichauswahlschalter
K Garnrollenhalter
L Spulenhalter
M Handrad
N Stichbreitenregler, evtl. Verstellung der Nadelposition
O Knopflochschalter
P Stichlängenregler/ Rückwärtsgang
Q Transportabsenkung
R (rechts) Spulenkasten

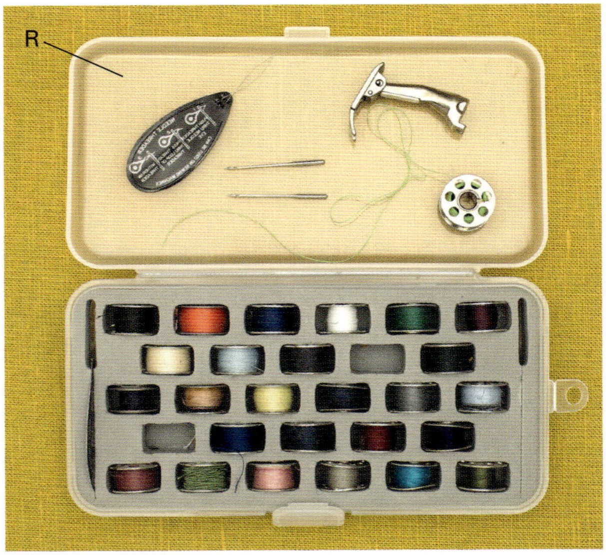

FADENSPANNUNG

Wenn die Fadenspannung zu fest ist, entstehen beim Nähen Wellen im Stoff. Ist sie zu locker, bilden die Stiche unschöne Schlaufen. Bei richtig eingestellter Spannung laufen Ober- und Unterfaden glatt, und die Kreuzung beider Fäden liegt genau zwischen den Stofflagen.

Bevor Sie ein Nähvorhaben beginnen, sollten Sie eine Probenaht auf einem Stoffrest arbeiten und – falls nötig – die Fadenspannung regulieren.

STICHLÄNGE UND -BREITE EINSTELLEN

Selbst eine preiswerte Haushaltsnähmaschine eignet sich für sehr viele Näharbeiten und kann eine Menge Zeit sparen.

Die beiden meistverwendeten Stiche sind der Steppstich und der Zickzackstich. Bei beiden lässt sich die Länge einstellen, beim Zickzack auch die Breite.

Schon mit diesen beiden Einstellmöglichkeiten können viele verschiedene Nähte gearbeitet werden.

Steppstich

EINE GERADE NAHT NÄHEN

Legen Sie nach dem Einfädeln den Stoff so auf die Maschine, dass die Nadel 1 cm nach Beginn der Naht-linie einsticht. Die Stoffkante liegt an einer der Hilfslinien auf der Stichplatte, rechts vom Nähfuß. Wenn Sie die Stoffkante beim Nähen an dieser Linie entlangführen, fällt die Nahtzugabe gleichmäßig breit aus. (Die Breite der Nahtzugabe ist im Schnittmuster oder der Anleitung angegeben. Üblich sind 1 oder 1,5 cm.) Den Nähfuß nun absenken.

Anfang und Ende der Naht werden verriegelt, damit sie sich nicht lockern. Nähen Sie zunächst 1 cm rückwärts bis zur Stoffkante. Dazu müssen Sie den Hebel oder Schalter für den Rückwärtsgang betätigen. Dann vorwärts, durchgehend bis zum Ende der Naht nähen und auch dort wieder etwa 1 cm rückwärts nähen – so wird die Naht verriegelt.

TIPP

In sehr dünnem Stoff können die Rückstiche zum Verriegeln der Nahtenden hässlich aussehen. In diesem Fall ziehen Sie Ober- und Unterfaden relativ lang heraus, bevor Sie die Naht beginnen. Nach dem Steppen der Naht werden die Fadenenden miteinander verknotet und dann kurz abgeschnitten.

NAHTZUGABEN VERSÄUBERN MIT ZICKZACKSTICH

Mit dem Zickzackstich lässt sich verhindern, dass Stoffkanten ausfransen.

Stellen Sie Länge und Breite des Stichs entsprechend Ihrem Stoff ein. Hinweise dazu sollten sich im Handbuch zu Ihrer Nähmaschine finden.

Der Zickzackstich kann in der Länge und in der Breite variiert werden. Bei großer Stichbreite und kleiner Stichlänge entsteht ein fast geschlossenes Band aus Stichen, das sich zur Verzierung und für Knopflöcher eignet. Ein längerer Stich mit geringerer Breite wird zum Versäubern von Stoffkanten verwendet.

Wenn die Nahtzugaben auseinandergebügelt werden sollen, muss jede Kante einzeln versäubert werden – am besten vor dem Zusammennähen. Alternativ die Naht zuerst nähen und dann beide Nahtzugaben gemeinsam versäubern (Foto rechts oben).

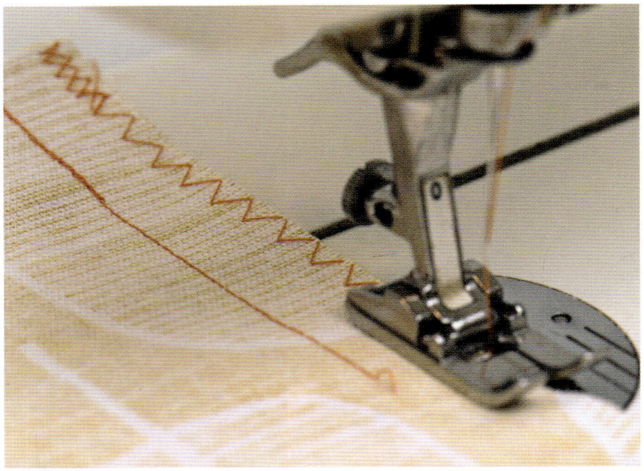

Zickzackstich

HINWEIS: Zickzackstich wird auch zum Nähen elastischer Stoffe verwendet, denn im Gegensatz zum geraden Steppstich gibt er nach.

WENDEN AN EINER ECKE

Wenn eine Naht im rechten Winkel verlaufen soll, drehen Sie den Stoff um die Nadel. Dieselbe Methode kann auch für enge Rundungen eingesetzt werden. So wird es gemacht:

1) Anhalten, wenn die Eckmarkierung auf der Stichplatte erreicht ist. Die Nadel muss tief im Stoff stecken. Den Nähfuß anheben, den Stoff um 90° drehen und die Stoffkante wieder an der Hilfslinie auf der Stichplatte ausrichten.

1)

TIPP

Wenn Ihre Maschine keine Eckmarkierung hat, kleben Sie einen Streifen Malerkrepp vor der Nadel auf die Maschine. Der Abstand zur Nadel entspricht der Nahtzugabenbreite ihres Modells.

2) Den Nähfuß wieder absenken.

2)

3) Weiternähen bis zur nächsten Ecke oder zum Ende der Naht. Das Nahtende mit einigen Rückstichen wie gewohnt verriegeln.

TIPP

Beim Anhalten im Verlauf einer Naht sollte die Nadel immer in den Stoff eingestochen sein, damit er nicht verrutschen kann. Moderne Maschinen erledigen das automatisch.

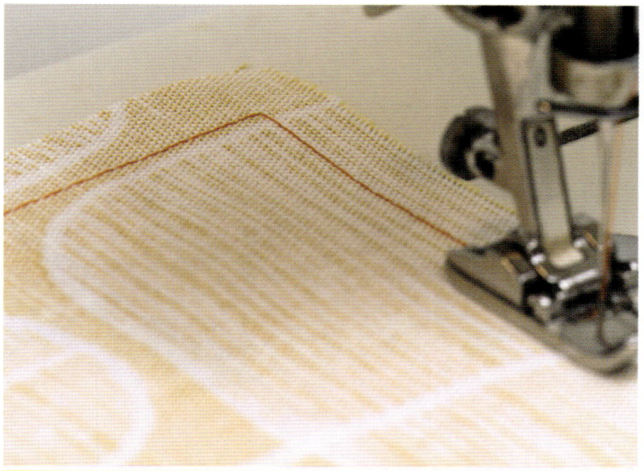

3)

STICKEN MIT DER MASCHINE

Mit der Nähmaschine können auch dekorative Stickereien gearbeitet werden. Zum freien Sticken wird der Nähfuß komplett entfernt, der Schaft aber dennoch abgesenkt – oder Sie verwenden einen speziellen Nähfuß zum freien Sticken/Quilten.

Es empfiehlt sich, den Stoff zum Sticken in einen Stickrahmen einzuspannen.

BÜGELN

Damit beim Nähen professionelle Ergebnisse entstehen, sollten Sie jede Naht gleich nach dem Nähen bügeln. Überspringen Sie diesen Arbeitsschritt nicht, denn die Zeit ist gut investiert.

Wenn Sie ein Kleidungsstück bügeln, schieben Sie das Bügeleisen auf ihm hin und her, um Fältchen zu beseitigen. Beim Nähen jedoch wird das Bügeleisen meist auf den Stoff aufgesetzt, einige Sekunden festgehalten, damit der Dampf einwirken kann, und wieder abgehoben – aber nicht geschoben.

Wenn Sie kein Dampfbügeleisen haben, können Sie auch ein normales Bügeleisen und ein feuchtes Geschirrtuch oder ein Stück Nessel verwenden. Das Tuch einfach in kaltes Wasser tauchen, gut auswringen und auf der zu bügelnden Stelle ausbreiten. Dann das Bügeleisen aufsetzen. Dadurch entsteht Dampf, der den Stoff glättet. Es ist kein Fehler, mehrere Bügeltücher zu besitzen. Praktisch ist vor allem ein locker gewebtes Tuch, durch das man den darunterliegenden Stoff sehen kann.

TIPPS

Stellen Sie das Bügelbrett in der Nähe der Nähmaschine auf, damit Sie nicht ständig hin- und herlaufen müssen, oder gar in ein anderes Stockwerk. Ideal ist es, das Brett auf Sitzhöhe einzustellen, es direkt neben dem Arbeitstisch zu platzieren und auf einem Bürostuhl mit Rollen zu arbeiten.

Versuchen Sie, effizient zu bügeln. Nähen Sie einige Nähte, und greifen Sie dann zum Bügeleisen. Sinnvoll ist auch, den Stoff zunächst vor dem Zuschneiden mit dem Eisen zu glätten und dann noch einmal die zugeschnittenen Teile zu bügeln.

TIPP

Gekräuselte oder gesmokte Stoffe verlieren durch Bügeln ihr Volumen. Sie lassen sich aber mit einem Dampfstoß aus etwa 10 cm Abstand gut glätten.

RICHTIG BÜGELN

Achten Sie darauf, die richtige Einstellung für Ihren Stoff zu wählen. Leinen verträgt eine hohe Temperatur, Seide nur eine niedrige, Synthetiks liegen dazwischen. Einige Gewebe können bei zu hoher Bügeltemperatur schmelzen oder Flecken bekommen.

Achten Sie darauf, dem heißen Dampf mit den Händen nicht zu nahe zu kommen. Dampf ist hilfreich, um steife Stoffe weicher zu machen, um Rundungen nach dem Nähen in eine ebenmäßige Form zu bringen oder um gedehnte Leinen- oder Wollstoffe wieder schrumpfen zu lassen.

Nahtzugaben können auseinander- oder zu einer Seite hin gebügelt werden. Beachten Sie dazu die Angaben in der Anleitung. Sie sparen keine Zeit, indem Sie auf das Bügeln verzichten. Vor allem Säume oder Einschläge lassen sich kaum sauber nähen, wenn sie nicht vorher gebügelt werden.

Bügeln Sie immer wieder zwischendurch. Beachten Sie die Regel, dass eine Naht keine zweite kreuzen darf, wenn die erste nicht vorher gebügelt wurde.

Halten Sie die Sohle Ihres Bügeleisens sauber. Ablagerungen können den Stoff ruinieren. Im Fachhandel gibt es spezielle Reinigungsprodukte für die Bügeleisensohle. Und schalten Sie das Bügeleisen nach der Arbeit immer aus.

ERSTE PROJEKTE

Im folgenden Kapitel finden Sie hübsche Projekte für Einsteiger, die in ein bis zwei Stunden fertig sind – ideal, um Techniken einzuüben und die Sicherheit zu gewinnen, die für größere Projekte nötig ist. Alle eignen sich übrigens auch gut zum Verschenken. Probieren Sie es einfach einmal aus.

Nadelkissen WÜRFEL

Ein Nadelbuch und ein Nadelkissen gehören in jeden Nähkasten. Dieses pfiffige Modell verbindet beides miteinander. Verwenden Sie robusten Stoff und hochwertigen Filz, damit das Kissen auch bei häufiger Benutzung lange hält.

MATERIAL

62,5 x 10 cm Hauptstoff
10 x 10 cm grauer Filz
20 x 10 cm roter Filz
Passendes Nähgarn
Maßband
Textilstift oder Schneiderkreide
Schneider-, Handarbeits- und Zackenschere
Bügeleisen und -brett
Stecknadeln
Nähmaschine
Zerstoßene Walnussschalen oder Polyesterfüllwatte
Handnähnadel
Knopf, ca. 1,5 cm Ø

FERTIGE GRÖSSE

Der Würfel hat eine Kantenlänge von ca. 9 cm.

TIPP

Nähnadeln nicht zu weit ins Kissen stecken, damit sie nicht im Inneren verschwinden.

ANMERKUNGEN

❖ Dicker Baumwollstoff, Leinen oder Cord sind ideal.
❖ Die Nahtzugabe beträgt 1 cm.
❖ Walnussschalen wurden traditionell benutzt, damit die Nadeln spitz blieben. Fragen Sie im Fachgeschäft für Haustierbedarf danach.

SO WIRD ES GEMACHT

1) Mit einer Schneiderschere aus dem Hauptstoff sechs Quadrate von 10 x 10 cm und für die Knopfschlaufe einen Streifen von 6 x 2,5 cm zuschneiden, außerdem aus rotem Filz ein Quadrat von 10 x 10 cm und aus grauem Filz für den inneren Umschlag des Nadelbuchs ein Stück von 8 x 9 cm. Mit der Zackenschere aus rotem Filz ein Stück von 8 x 9 cm schneiden, dann eine Schmalseite mit einer Schneiderschere glatt schneiden.

1)

2)

2) Für die Klappe (Umschlag des Nadelbuchs) an einem der sechs Quadrate aus Hauptstoff alle vier Kanten 1 cm nach links umfalten und bügeln. Die Ecken müssen spitz bleiben. Grauen Filz auf die linke Seite des Stoffquadrats kleben, dabei die Schnittkanten abdecken.

3) Die beiden Längsseiten des Streifens für die Knopfschlaufe 5 mm nach links umbügeln, dann den Streifen der Länge nach zur Hälfte falten (Bruchkanten übereinander) und bügeln. Er ist jetzt 6 x 0,75 cm groß. In der Mitte absteppen und quer zur Hälfte falten. Die Enden in der Mitte einer beliebigen Kante 5 mm zwischen Filz und Hauptstoff schieben, sodass die Schlaufe noch 2,5 cm vorsteht. Feststecken. Das Quadrat ringsherum absteppen.

4)

4) Die rechte Kante des Stoffquadrats aufklappen. Die gerade Kante des Zackenkanten-Filzquadrats an die aufgeklappte Kante legen und hier in der Bruchlinie feststeppen.

5) Ein rotes Filzquadrat und ein Stoffquadrat rechts auf rechts legen und die zuvor genähte Klappe so zwischen beide Lagen schieben, dass an beiden Enden eine Überlappung von 1 cm entsteht. Zusammennähen, aber am Anfang und Ende der Naht 1 cm offen lassen.

6) Drei weitere Stoffquadrate ebenso annähen – jedes an eine freie Kante des roten Filzquadrats.

5)

7) Die Seiten benachbarter Hauptstoffquadrate zusammennähen, sodass ein Würfel entsteht. In der letzten Naht eine 5 cm große Öffnung lassen. Den Würfel durch diese auf rechts wenden.

8) Den Würfel mit zerdrückten Walnussschalen oder Polyesterfüllwatte fest füllen. Die Nahtöffnung mit unauffälligen Stichen schließen. Den Würfel in Form klopfen und drücken.

9) Die Klappe zuhalten, die Knopfschlaufe auf die angrenzende Seite legen und ihre Position anzeichnen. Dort den Knopf annähen.

8)

9)

Moderne TISCHSETS

Tischsets sind ein schöner und praktischer Schmuck für den Esstisch – im Alltag ebenso wie zu festlichen Gelegenheiten.

Einfache Tischsets

Diese Sets, die nur an allen vier Seiten gesäumt werden, sind ideal für Einsteiger.

MATERIAL

Pro Set:
47 x 34 cm Stoff
Passendes Nähgarn
Lineal oder Maßband
Bügeleisen und -brett
Nähmaschine
Schneider- und Handarbeitsschere

FERTIGE GRÖSSE

Ein Set ist 43 x 30 cm groß.

ANMERKUNGEN

❖ Sie brauchen nur alle vier Seiten zu säumen, und fertig ist das Set. So einfach ist das.
❖ Die Sets sind so zugeschnitten, dass jedes einen anderen Bereich des Musters zeigt. So wirken sie unterschiedlich und passen trotzdem zusammen.

SO WIRD ES GEMACHT

1) Alle vier Seiten des zugeschnittenen Stoffs 5 mm nach links umbügeln, danach nochmals 1,5 cm nach links umbügeln.

2) Auf der linken Seite alle Kanten absteppen, dabei an den Ecken bis zu den äußeren Stoffkanten steppen.

3) Bügeln und in Gebrauch nehmen.

1)

2)

1)

3)

4)

Set mit Rückseite aus Stoff

Auch dieses Set mit einer Rückseite aus kontrastfarbigem Stoff ist leicht zu nähen.

MATERIAL

Pro Set:

2 unterschiedliche Stücke Stoff, je 47 x 34 cm

Passendes Nähgarn

Stecknadeln

Lineal oder Maßband

Nähmaschine

Bügeleisen und -brett

Schneider- und Handarbeitsschere

Handnähnadel

FERTIGE GRÖSSE

Das Set ist etwa 44 x 31 cm groß.

ANMERKUNGEN

❖ Durch die Rückseite aus kontrastfarbigem Stoff ist das Set etwas strapazierfähiger.

❖ Sie können für die Rückseite auch anderen Stoff nehmen, zum Beispiel Leinen oder gestreiften Drell.

SO WIRD ES GEMACHT

1) Die beiden Stoffstücke rechts auf rechts legen und ringsherum zusammenstecken.

2) Etwa in der Mitte einer Schmalseite beginnen und die Kanten mit 1,5 cm Nahtzugabe rundherum zusammennähen. Etwa 8 cm vor dem Nahtanfang enden. Die Nahtzugaben über beide Stofflagen mit Zickzackstich versäubern. An der Nahtöffnung müssen sie separat versäubert werden.

3) Das Set durch die Öffnung auf rechts wenden und die Nähte bügeln. Die Nahtzugaben an der Öffnung einschlagen und von Hand unauffällig zunähen.

4) Bügeln und fertig!

Besticktes BRILLENETUI

In diesem hübschen Etui aus Wollfilz ist die Brille gut aufgehoben. Es wird komplett von Hand genäht und bestickt.

MATERIAL

20 x 20 cm Filz in Grau

Je 8 x 8 cm Filz in Jadegrün, Creme und Lindgrün

Stickgarn in Ockergelb, Jadegrün und Orange

Schneider- und Handarbeitsschere

Lineal oder Maßband

Textilstift oder Schneiderkreide

Stecknadeln

Sticknadel

Knopf, ca. 8 mm Ø

FERTIGE GRÖSSE

Das Brillenetui ist 17 x 10 cm groß.

ANMERKUNGEN

❖ Filz franst nicht aus und hat eine weiche Oberfläche, die Brillengläser schont.

❖ Wenn Sie die Maße anpassen, eignet sich die Hülle auch für ein Smartphone.

SO WIRD ES GEMACHT

1) Für die Vorderseite ein Stück Filz von 15 x 10 cm zuschneiden, für die Rückseite eins von 17 x 10 cm. Eine Schmalseite für die Klappe abrunden.

2) Für die Applikationen einen Kreis (4 cm Ø) aus jadegrünem Filz, einen Kreis (1 cm Ø) aus cremeweißem Filz, zwei Blätter (4 cm lang) und einen Stiel (5 cm x 5 mm) aus lindgrünem Filz zuschneiden.

3) Den großen Kreis 4,5 cm unterhalb der oberen Schmalseite auf das Vorderteil stecken, den kleinen Kreis auf den großen stecken. Für die „Staubfäden" mit ockergelbem Garn mehrere unterschiedlich lange Linien strahlenförmig im Rückstich über beide Kreise sticken. Den Stiel mit jadegrünem Garn in Anlegetechnik befestigen und dabei im Bogen legen. Um die Kreise herum verstreute Knötchenstiche („Staubgefäße") in Orange sticken.

4) Etwa 3 cm oberhalb der Unterkante die beiden Blätter mit orangefarbenem Garn und überwendlichen Stichen applizieren. Die gekrümmten Blattstiele werden mit jadegrünem Garn im Rückstich von unten nach oben gestickt und enden oberhalb der Mitte jedes Blatts.

5) Die beiden Filzteile links auf links legen, Seiten und Unterkante mit ockergelbem Garn im Langettenstich umsticken und so zusammennähen. Die einlagigen Kanten der Klappe und der vorderen Oberkante ebenfalls umsticken.

6) In die Mitte der Klappe einen senkrechten kurzen Schlitz als Knopfloch schneiden und mit jadegrünem Garn mit kleinen Langettenstichen umsticken. Den Knopf annähen. Das Etui bügeln – fertig.

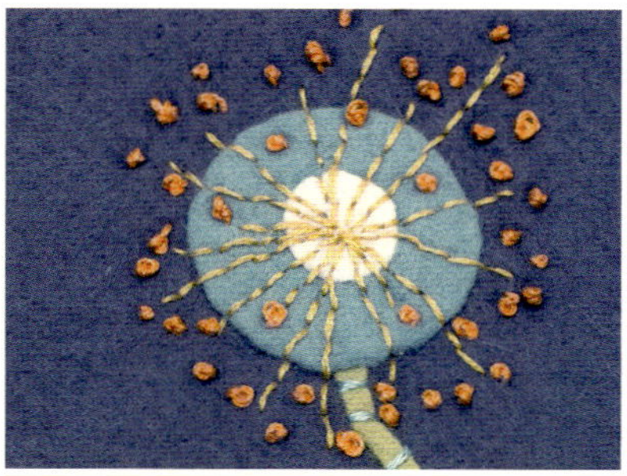

3)

5)

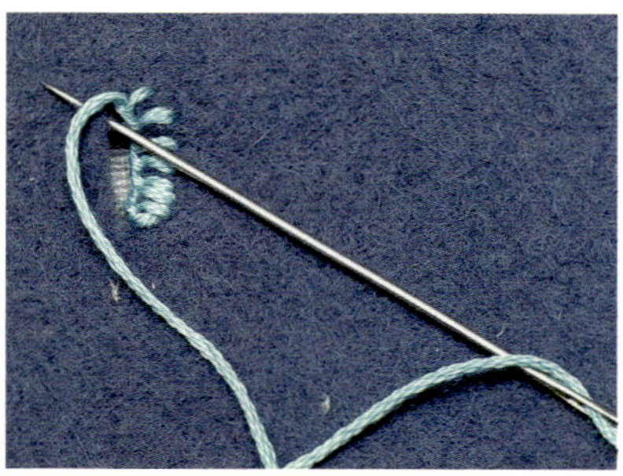

6)

Trendiges

MÄPPCHEN

Das moderne Stoffmuster gibt dem Mäppchen seine frische Optik. Natürlich können Sie auch Kleingeld oder Schminkutensilien darin verstauen.

MATERIAL

23 x 26 cm Stoff
Passendes Nähgarn
Lineal oder Maßband
Textilstift oder Schneiderkreide
Bügeleisen und -brett
Stecknadeln
Kräftiger Kunststoffreißverschluss, 23 cm lang
Reißverschlussfuß
Nähmaschine
Schneider- und Handarbeitsschere

FERTIGE GRÖSSE

Das Mäppchen ist ca. 13 x 21 cm groß.

ANMERKUNGEN

❖ Die Nahtzugabe beträgt 1 cm.

❖ Verwenden Sie einen strapazierfähigen, nicht zu dicken Dekostoff für die Tasche.

❖ Auch der kräftige Reißverschluss trägt zur modernen Wirkung bei.

TIPP

Wenn Sie keinen passenden Reißverschluss finden, kürzen Sie einen längeren. Am neuen Ende die Zähnchen vorsichtig über einer Kerzenflamme verschmelzen oder einfach übernähen.

SO WIRD ES GEMACHT

1) Alle offenen Kanten mit Zickzackstich versäubern. Die beiden 23 cm langen Kanten des Stoffs 1 cm nach links falten und umbügeln.

2) Den Stoff ausbreiten und den Reißverschluss rechts auf rechts 5 mm unterhalb der Kante feststecken. Den Reißverschlussfuß der Maschine einsetzen und den Reißverschluss festnähen. Den Reißverschluss öffnen und das andere Trägerband ebenso an die andere 23 cm lange Kante nähen.

3) Den Reißverschluss offen lassen. Die Arbeit wenden und so bügeln, dass der Reißverschluss mittig liegt.

4) Wieder den normalen Steppfuß einsetzen. Die Tasche auf links wenden. Die Seitennähte stecken und nähen, dabei am Reißverschluss den Fuß anheben, das Werkstück weiterschieben und den Fuß hinter dem Reißverschluss wieder senken. Die Nahtzugaben auseinanderbügeln. Auch die oberen und unteren Längskanten der Tasche bügeln.

5) An jeder Ecke den Stoff so drehen, dass die Bruchlinie der Längskante auf der Seitennaht liegt. Dadurch entsteht ein dreieckiger Zipfel. Bügeln.

6) Den Zipfel (siehe Foto) mit einer kurzen Naht abnähen und die Spitze – nicht zu knapp – abschneiden. An den übrigen Ecken wiederholen.

7) Die fertige Federtasche auf rechts wenden.

2)

6)

7)

Gestickte WANDBILDER

Die gestickten Wandbilder sind ein zeitgemäßer, origineller Raumschmuck, und sie eignen sich bestens zum Einsatz von hübschen Stoffen, die von anderen Näharbeiten übrig geblieben sind.

ANMERKUNGEN

❖ In den ersten Rahmen wird einfach ein hübscher Blumenstoff eingespannt. Die beiden anderen – ein modernes Baummuster und ein besticktes, hochwertiges Geschirrtuch – haben Vogelapplikationen aus Filz in Farben, die mit den Stoffen harmonieren.

Rahmen mit Blumenstoff

MATERIAL

20 x 20 cm geblümter Stoff

Stickrahmen, 16 cm Ø

Stickschere oder kleine, spitze Schere

TIPP

Sie können auch mehr als drei Rahmen in verschiedenen Größen zu einer Gruppe arrangieren.

SO WIRD ES GEMACHT

1) Die Schraube des Stickrahmens lösen und die beiden Ringe auseinandernehmen.

2) Den Stoff straff über den kleineren Ring spannen. Den größeren überstülpen; der Stoff darf keine Falten werfen. Ein zweites Paar Hände kann hilfreich sein. Die Schraube festziehen, um den äußeren Ring zu fixieren.

3) Den Stickrahmen umdrehen. Den überstehenden Stoffrand mit einer kleinen, scharfen Schere ringsherum knapp abschneiden.

2)

3)

3)

4)

5)

Bild mit Vogelmotiven

MATERIAL

30 x 30 cm gemusterter Stoff
Filzreste
Baumwollsticktwist in 3 passenden Farben
Vorlagen von Seite 126
Papier-, Schneider- und Handarbeitsschere
Textilstift oder Schneiderkreide
Stickrahmen, 25 cm Ø
Stecknadeln
Handnähnadel

SO WIRD ES GEMACHT

1) Mithilfe der Vorlagen von Seite 126 drei Filzvögel in verschiedenen Größen und drei Flügel in Kontrastfarben zuschneiden.

2) Die Schraube des Stickrahmens lösen und die beiden Ringe auseinandernehmen. Den Stoff straff über den kleineren Ring spannen. Den größeren Ring überstülpen; der Stoff darf dabei keine Falten werfen. Die Schraube vorsichtig festziehen.

3) Die Vögel auf den Stoff stecken und mit zweifädigem Sticktwist ringsherum mit kleinen, überwendlichen Stichen, die rechtwinklig zur Kontur verlaufen, festnähen. Die Flügel mit locker verteilten Vorstichen, die Federn andeuten, aufnähen.

4) Die Beine im Rückstich sticken, die Füße mit drei kleinen Einzelstichen.

5) Den Stickrahmen umdrehen. Den überstehenden Stoff mit einer kleinen, scharfen Schere knapp abschneiden, sodass er von vorn nicht zu sehen ist.

Rahmen mit besticktem Stoff

MATERIAL

Floral besticktes Geschirrtuch
Filzreste
Baumwollsticktwist in 2 Farben
Vorlagen von Seite 126
Papier-, Schneider- und Handarbeitsschere
Stickrahmen, 20 cm Ø
Stecknadeln
Handnähnadel

SO WIRD ES GEMACHT

1) Mithilfe der Vorlagen von Seite 126 zwei Filzvögel in verschiedenen Größen und zwei Flügel in Kontrastfarben zuschneiden.

2) Die Schraube des Stickrahmens lösen und die beiden Ringe auseinandernehmen. Einen hübschen Bereich des bestickten Geschirrtuchs auswählen und grob auf Größe schneiden. Den Stoff glatt über den kleineren Ring legen. Den größeren Ring überstülpen; der Stoff darf keine Falten werfen. Die Schraube vorsichtig festziehen.

3) Die Vögel auf den Stoff stecken und mit zweifädigem Sticktwist ringsherum mit kleinen, überwendlichen Stichen, die rechtwinklig zur Kontur verlaufen, festnähen. Die Flügel mit locker verteilten Vorstichen, die Federn andeuten, aufnähen.

4) Die Beine im Rückstich sticken, die Füße mit drei kleinen Einzelstichen.

5) Den Stickrahmen umdrehen. Den überstehenden Stoff mit einer kleinen, scharfen Schere knapp abschneiden, sodass er von vorn nicht zu sehen ist.

2)

4)

Schlichter
WICKELROCK

Ein Wickelrock ist bequem zu tragen und vielseitig zu kombinieren. Sie können ihn in zwei verschiedenen Längen nähen. Das kontrastfarbige Band ist ein schöner Blickfang, Sie können aber auch Bindebänder aus dem Rockstoff nähen.

MATERIAL

Vorlage von Seite 122 für den knielangen Rock (Foto) oder Vorlage von Seite 123 für das längere Modell
Für den kurzen Rock: 1 m Stoff
Für den längeren Rock: 1,5 m Stoff
2 m Band in Kontrastfarbe, 2 cm breit
Passendes Nähgarn
Schnittmusterpapier oder Packpapier
Papier-, Schneider- und Handarbeitsschere
Schneiderkreide
Bügeleisen und -brett
Nähmaschine
Stecknadeln

ANMERKUNGEN

❖ Baumwollstoff mit einem geringen Elasthananteil eignet sich hervorragend für dieses Modell. Sie können auch dünnen Wollstoff verarbeiten.
❖ Der knielange Rock ist rechts abgebildet.

SO WIRD ES GEMACHT

1) Die Vorlage von Seite 122 oder 123 auf 400 % vergrößern und ein Schnittmuster aus festem Papier zuschneiden. Falls nötig, die Länge ändern.

2) Das Schnittmuster auf die linke Stoffseite legen, die Kontur mit Schneiderkreide nachzeichnen, dann zuschneiden.

3) Alle Kanten 5 mm nach links umbügeln, dann nochmals 1,5 cm nach links umbügeln. Den doppelten Saum ringsherum feststeppen.

4) Das Band halbieren. Je ein Stück auf der linken Seite so an die oberen Ecken des Rocks stecken, dass es 2–3 cm auf dem Rockstoff liegt. Auf dieser Überlappung ein Viereck steppen.

5) Die losen Enden der Bänder schräg abschneiden, oder versäubern. Bügeln und fertig!

3)

4)

5)

EINEN SCHRITT WEITER

Nachdem Sie nun die Grundlagen beherrschen, können Sie sich an anspruchsvollere Projekte wagen. An den Modellen in diesem Kapitel lernen Sie, wie dekorative Details verarbeitet werden: Borten, Applikationen und Einfassungen. Versuchen Sie sich am Smoken oder an einem Patchworkvorhang, der aus hübschen, nostalgischen Gardinen- und Spitzenstoffen zusammengesetzt ist.

Janus KISSEN

Kissen bringen Farbe in die Wohnung. Dieses hat eine geometrisch bedruckte Vorderseite und eine Rückseite aus kontrastfarbigem Leinen.

MATERIAL

38 x 38 cm gemusterter Stoff für die Vorderseite
38 x 60 cm Leinen für die Rückseite
Passendes Nähgarn
Lineal oder Maßband
Schneider- und Handarbeitsschere
Bügeleisen und -brett
Nähmaschine
Stecknadeln
Kisseninlett, 35 x 35 cm

FERTIGE GRÖSSE

Das Kissen ist 35 x 35 cm groß.

ANMERKUNGEN

❖ Der Bezug hat auf der Rückseite einen praktischen sogenannten Hotelverschluss. Knöpfe oder Reißverschluss sind hierfür nicht nötig.
❖ Weil nur für die Vorderseite ein gemusterter Stoff benötigt wird, darf dieser ruhig etwas mehr kosten. Die Rückseite ist schlicht.
❖ Leinen eignet sich gut für die Rückseite. Das schlichte Gewebe wirkt edel und modern.
❖ Die Nahtzugabe beträgt 1 cm.

4)

SO WIRD ES GEMACHT

1) Für die Rückseite zwei Stücke Leinen zuschneiden. Jedes muss 38 x 30 cm groß sein.

2) An beiden Rückseitenteilen eine kurze Kante 1 cm nach links umbügeln, dann nochmals 2 cm nach links umbügeln. Diesen doppelten Saum steppen. Die beiden Teile sind jetzt noch 38 x 27 cm groß.

3) Die gemusterte Vorderseite ausbreiten, rechte Stoffseite oben. Ein Rückseitenteil rechts auf rechts auflegen und die offenen Schnittkanten aufeinander ausrichten. Mit dem anderen Rückseitenteil wiederholen, die gesäumten Kanten überlappen einander und bilden später die Öffnung zum Einschieben des Inletts.

4) Die offenen Kanten ringsherum zusammennähen, dann die Nahtzugaben zusammengefasst mit Zickzackstich versäubern. Die Nahtzugaben an den Ecken schräg abschneiden, damit sie später nicht ausbeulen.

5) Den Bezug auf rechts wenden und die Nähte bügeln. Das Kisseninlett hineinschieben – fertig!

Pompon KISSEN

Mit seinen dicken, lustigen Pompons an den Seitenkanten wird dieses Kissen bestimmt für Gesprächsstoff sorgen.

MATERIAL

126 x 76 cm Stoff
106 cm Pomponborte (fertig gekauft)
Passendes Nähgarn
Schneider- und Handarbeitsschere
Lineal oder Maßband
Bügeleisen und -brett
Nähmaschine
Stecknadeln
Kisseninlett, 61 x 51 cm

FERTIGE GRÖSSE
Der Kissenbezug ist 61 x 51 cm groß.

ANMERKUNGEN
❖ Die Nahtzugabe beträgt 1 cm.
❖ Zu der kunterbunten Pomponborte passt am besten ein schlichtes, naturfarbenes Leinen.

TIPP
Ein Kissenbezug sollte immer ebenso groß wie das Inlett oder sogar 1 cm kleiner sein, damit er schön straff sitzt.

SO WIRD ES GEMACHT

1) Aus dem Stoff für die Vorderseite ein Stück von 63 x 53 cm und für die Rückseite zwei Stücke von je 63 x 38 cm zuschneiden. An beiden Rückseitenteilen eine lange Kante 1 cm nach links umbügeln, dann nochmals 2,5 cm umbügeln. Die beiden doppelten Säume steppen. Die Teile sind nun 63 x 34,5 cm groß.

2) Das Teil für die Vorderseite ausbreiten, rechte Stoffseite oben. Die Pomponborte in zwei Hälften schneiden. Jede Hälfte an eine kurze Seite des Vorderteils stecken, die Pompons liegen auf dem Stoff (zeigen nach innen).

3) Ein Rückseitenteil rechts auf rechts auflegen und die offenen Schnittkanten aufeinander ausrichten. Mit dem anderen Rückseitenteil wiederholen, die gesäumten Kanten überlappen einander und bilden später die Öffnung zum Einschieben des Inletts.

4) Die offenen Kanten ringsherum mit 1 cm Nahtzugabe zusammennähen, dann die Nahtzugaben zusammengefasst mit Zickzackstich versäubern. Die Nahtzugaben an den Ecken schräg abschneiden, ohne Naht oder Borte zu beschädigen.

5) Den Bezug auf rechts wenden und die Nähte bügeln. Das Kisseninlett hineinschieben – fertig!

2)

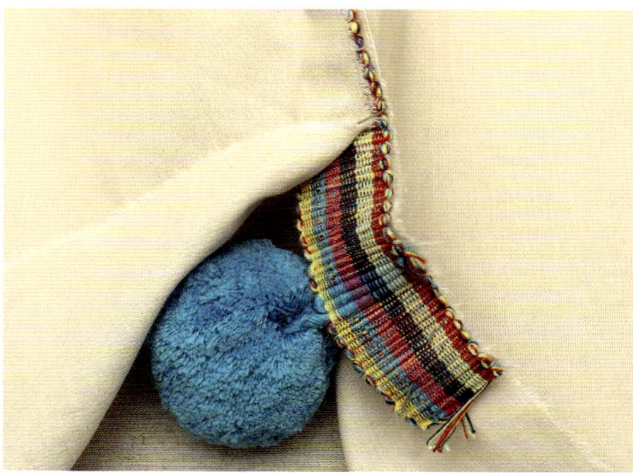

3)

Kissen mit HERZAPPLIKATIONEN

Applikationen sind ausgeschnittene Motive aus Stoff, die auf einen anderen Stoff genäht werden. Hier haben wir ein schlichtes Leinenkissen mit niedlichen Herzen und rauen Kanten verziert.

MATERIAL

130 x 48 cm Leinen
Passendes Nähgarn
Vorlagen von Seite 126
Papier-, Schneider- und Handarbeitsschere
Schnittmusterpapier oder Packpapier
Textilstift oder Schneiderkreide
Lineal oder Maßband
Bügeleisen und -brett
Nähmaschine
Stecknadeln
Kisseninlett, 45 x 45 cm

APPLIKATIONEN

Es gibt verschiedene Methoden, Applikationen anzubringen. Hier zeigen wir die einfachste Variante. Formen aus einem gleichmäßig gewebten Stoff wie Leinen werden einfach mit der Maschine aufgenäht. In der Wäsche fransen die Kanten bis zur Naht aus – das ist gewollt!

Sie können die Motive auch von Hand aufnähen. In diesem Fall die Motivkanten nach links einschlagen und mit winzigen Stichen abwechselnd ins Motiv und den Hintergrund stechen.

Filz lässt sich besonders gut applizieren, auch mit dekorativen Stickstichen, weil seine Kanten nicht ausfransen.

FERTIGE GRÖSSE

Der Kissenbezug ist 45 x 45 cm groß.

ANMERKUNGEN

- Die Nahtzugabe beträgt 1,5 cm.
- Applizieren Sie Motive mit klaren Formen. Herzen kommen immer gut an, es können aber auch Sterne oder simple Blumen im Stil der 1960er-Jahre sein.

SO WIRD ES GEMACHT

1) Für den Bezug ein Stück Leinen von 109 x 48 cm zuschneiden. Mithilfe der Vorlagen auf Seite 126 mehrere Herzen in verschiedenen Größen aus festem Papier ausschneiden. Die Umrisse auf Stoff übertragen und ohne Nahtzugabe zuschneiden. Sie brauchen 18–20 Herzen in Größen zwischen 3 und 8 cm.

1)

2) Beide kurzen Seiten des Leinenrechtecks 1 cm nach links umbügeln. Nochmals 2 cm nach links umbügeln, dann diese beiden doppelten Säume steppen.

3) Den Stoff ausbreiten, rechte Stoffseite oben, und an beiden langen Kanten die Mitte anzeichnen. 22,5 cm rechts und links der Mitte weitere Markierungen anzeichnen. Das ergibt ein Mittelteil von 45 cm Breite. Die Herzen in diesem Bereich verteilt auf den Stoff legen, dabei nicht zu nah an die Ränder gehen. Wenn Ihnen die Anordnung gefällt, werden die Herzen mit Stecknadeln fixiert.

4) Alle Herzen 5–10 mm innerhalb der Konturen mit kurzen Stichen feststeppen.

5) Wenn alle Herzen aufgenäht sind, die Oberkante an der in Schritt 3 markierten Linie nach unten falten. Die Unterkante nach oben falten – die beiden Kanten überlappen einander. Sie haben nun ein Viereck von 45 x 48 cm. Die Seitennähte stecken, mit 1,5 cm Nahtzugabe nähen und mit Zickzackstich versäubern.

6) Die Nahtzugaben an den Ecken vorsichtig schräg abschneiden. Den Kissenbezug auf rechts wenden und bügeln.

7) Den Bezug in der Waschmaschine waschen, damit die Ränder der Herzen ausfransen. Trocknen lassen, bügeln und das Inlett in den Bezug schieben.

TIPPS

Wenn die Kanten beim Waschen nicht genügend ausfransen, können Sie mit einer Nadelspitze das Gewebe an den Motivrändern lockern. Die Maschinennaht verhindert, dass sie sich dabei lösen.

Falls nötig, schneiden Sie die Fransen mit einer Stickschere auf gleichmäßige Länge.

3)

5)

7)

Praktischer TÜRSTOPPER

Sind Sie es leid, dass Türen beim kleinsten Luftzug geräuschvoll zuschlagen? Dann brauchen Sie diesen Türstopper, der sie offen hält.

MATERIAL

30 x 96 cm Stoff
Passendes Nähgarn
Schneider- und Handarbeitsschere
Schneiderkreide oder selbstlöschender Textilstift
Langes Lineal
Bügeleisen und -brett
Nähmaschine
Stecknadeln
Gefrierbeutel mit Zip-Verschluss
Ungekochter Reis, getrocknete Bohnen oder Vogelsand zum Füllen
Handnähnadel

FERTIGE GRÖSSE

Der Türstopper ist 18 cm hoch, 15 cm breit und 15 cm tief.

ANMERKUNGEN

❖ Der Türstopper ist dekorativ und praktisch zugleich. Er ist einfach zu nähen und hat einen Griff, an dem man ihn bequem tragen kann.
❖ Die Nahtzugabe beträgt 1 cm.
❖ Am besten eignet sich ein stabiler, dichter Dekostoff aus Baumwolle.

SO WIRD ES GEMACHT

1) Schneiden Sie vier Teile zu: ein Streifen für die Seiten von 62 x 20 cm, zwei Quadrate à 17 x 17 cm für Boden und Oberseite und einen Streifen von 28 x 10 cm für den Griff. Den Stoff ausbreiten, rechte Stoffseite unten. Die Teile mit Lineal und Schneiderkreide oder Textilstift aufzeichnen und ausschneiden.

2) Beide langen Kanten des Griffs 1 cm nach links umbügeln. Den Streifen der Länge nach zur Hälfte falten, die gebügelten Stoffbrüche genau aufeinanderlegen und wieder bügeln. Beide langen Kanten knapp absteppen.

3) Das Quadrat für die Oberseite rechts auf rechts zur Hälfte falten. An den aufeinanderliegenden längeren Kanten die Mitte markieren. Den Griffstreifen so anlegen, dass seine Schmalseiten mittig und kantenbündig auf den Markierungen liegen. 5 mm innerhalb der Kanten feststeppen.

TIPP

Schneiden Sie die Teile so zu, dass interessante Motive oder Musterelemente möglichst nicht zerschnitten werden.

1)

3)

4) Eine Falte in den Griff stecken und auf der Oberseite feststecken, damit er beim späteren Zusammennähen des Würfels nicht versehentlich mitgefasst wird.

5) Eine Seite des Bodens rechts auf rechts kantengenau an den Anfang einer Längsseite des Seitenteils stecken. Dabei die Nadeln rechtwinklig zu den Stoffkanten einstecken.

6) Die gesteckte Kante mit 1 cm Nahtzugabe festnähen, dabei zu den Rändern hin 1 cm freilassen, nicht bis zum Ende steppen. Den Nähfuß bei eingestochener Nadel anheben, die Arbeit um 90° drehen, den Nähfuß wieder senken und entlang der nächsten Kante des Bodens nähen. Wieder 1 cm vor der Ecke anhalten. Alle Seiten des Bodens so festnähen.

7) Den Stoff an den Ecken vorsichtig schräg einschneiden, damit er sich gut um die Ecken legt. Die Nahtzugaben ringsherum mit relativ engem Zickzackstich versäubern.

8) Die Oberseite ebenso (Schritt 5–7) an die andere Längskante des Seitenteils nähen. Eine Naht des Seitenteils ist noch offen. Den Türstopper durch diese Öffnung auf rechts wenden. Alle Nähte ausbügeln.

9) Einen (oder mehrere kleine) Gefrierbeutel mit Zip-Verschluss in den Türstopper schieben und füllen. Drehen Sie dafür einen Trichter aus dünner Pappe. Den oder die Gefrierbeutel schließen, dann die offene Seitennaht möglichst unsichtbar von Hand schließen.

6)

8)

Luftiges SOMMERKLEID

Ein leichtes Kleid für heiße Tage gehört unbedingt in den Kleiderschrank. Mit diesem Modell sind Sie – je nach Stoff und Muster – in einem Café am Strand ebenso gut angezogen wie in einer angesagten Bar in der Stadt.

MATERIAL

Stoff (Berechnung der Menge siehe „Anmerkungen")
Passendes Nähgarn
Lineal oder Maßband und Bleistift
Schneider- und Handarbeitsschere
Bügeleisen und -brett
Schneiderkreide oder Glaskopf-Stecknadeln
Elastisches Nähgarn
Nähmaschine
Stecknadeln

ANMERKUNGEN

❖ Verwenden Sie einen weichen Stoff, in dem der gesmokte Rand schön weich ausfällt. Ich habe dünne Baumwolle verarbeitet. Auch Seide oder Viskose eignen sich gut.

❖ Um den Stoffbedarf zu berechnen, legen Sie die gewünschte Länge des Kleids fest. Dann von der Achselhöhle bis zum gewünschten Saum messen und 10 cm addieren. Zum Ermitteln der Weite messen Sie Ihren Brustumfang und multiplizieren ihn mit 1,5 oder 2, je nachdem, wie weit das Kleid sein soll. Smoken Sie vorher ein Stück Stoff, um auszuprobieren, wie stark er gerafft wird. Dann ein Stoffrechteck in den ermittelten Maßen zuschneiden.

❖ Wenn Sie noch nie gesmokt haben, probieren Sie den Umgang mit elastischem Nähgarn zuerst auf einem Stoffrest mit gleicher oder ähnlicher Qualität aus. Das Gummigarn von Hand auf die Spule für den Unterfaden wickeln, ohne es zu dehnen. Als Oberfaden normales Baumwollgarn einfädeln. Parallele Linien im Abstand von etwa 8 cm steppen und den Stoff behutsam glätten, wenn er hinter dem Nähfuß herauskommt.

❖ Sie können das Kleid problemlos weiter oder länger schneidern, indem Sie Breite oder Länge des Stoffs verändern. Schmale Träger oder breitere, ebenfalls gesmokte Träger im Stil der 1970er-Jahre können nach Belieben angenäht werden.

FERTIGE GRÖSSE

Das Kleid wird nach Maß geschneidert.
(siehe „Anmerkungen")

1)

3)

4)

SO WIRD ES GEMACHT

1) Die Oberkante des Stoffs 1 cm nach links umbügeln. Nochmals 4 cm nach links umbügeln.

2) Mit Schneiderkreide oder Glaskopf-Stecknadeln auf beiden Seiten 25 cm unterhalb der Saumkante Markierungen anbringen, dazwischen mit Schneiderkreide eine Linie ziehen. Hier liegt die obere Nahtlinie der gesmokten Partie in der Taille.

3) Elastisches Nähgarn auf die Unterfadenspule wickeln. Die Spule einsetzen und als Oberfaden farblich unauffälliges Baumwollgarn einfädeln.

4) Auf der rechten Stoffseite 4 cm unterhalb der oberen Saumkante und parallel zu ihr eine gerade Linie steppen.

5) Parallel zur ersten Linie vier weitere nähen, jeweils im Abstand von 5 mm zur vorherigen.

6) Für die gesmokte Taille eine gerade Naht entlang der markierten Linie steppen. Markierungen nähen. Vier weitere Linien parallel zu dieser und in Abständen von jeweils 5 mm unter ihr nähen.

7) Eine Spule mit Baumwollgarn einsetzen. In 5 mm Abstand zu den Seitenkanten des Stoffs mit kurzem Stich über die Smoklinien steppen, um sie zu fixieren. So können sich die elastischen Fäden nicht lösen, bevor die Seitennaht geschlossen ist.

TIPP

Parallele Nähte gelingen leicht, wenn Sie die rechte Kante des Nähfußes jeweils entlang der vorherigen Linie führen.

8) Den gesmokten Stoff rechts auf rechts zur Hälfte falten. Die Seitennaht stecken, dabei die gesmokten Partien genau aufeinander ausrichten. Die Seitennaht mit 1,5 cm Nahtzugabe steppen, danach die Nahtzugaben separat versäubern.

9) Die untere Saumkante 1 cm nach links umbügeln. Nochmals 3 cm (oder nach Belieben) umbügeln und auf der linken Seite absteppen.

10) Das Kleid auf rechts wenden und bügeln. Fertig!

5)

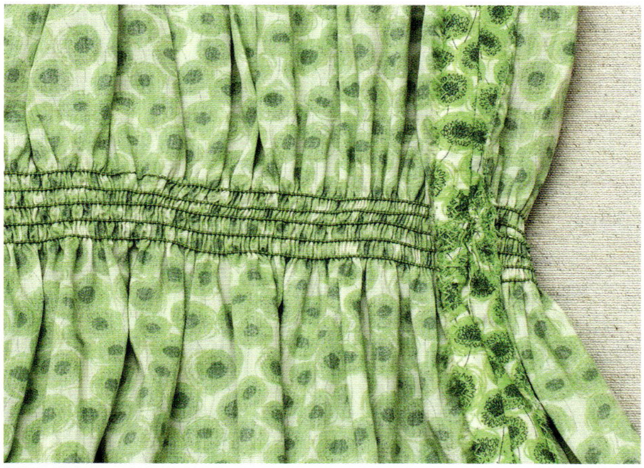

7)

TIPP

Für die Träger ziehen Sie das Kleid an und messen über die Schulter von der vorderen zur hinteren Oberkante. Das macht am besten eine zweite Person! 5 cm zu diesem Maß addieren. Zwei Streifen in der errechneten Länge und 6 cm Breite zuschneiden. Die Streifen rechts auf rechts längs zur Hälfte falten und die Längsseiten mit 1 cm Nahtzugabe zusammennähen. Auf rechts wenden, dabei die Naht in die untere Mitte drehen, und bügeln. Die Enden der Träger vorn und hinten 2,5 cm unter der Oberkante auf der Innenseite des Kleids festnähen.

Nostalgie-GARDINE

Die Gardine aus kleinen Stücken von alten Spitzen und weißen Stoffen ist ein zauberhafter Schmuck für das Schlafzimmer oder Bad.

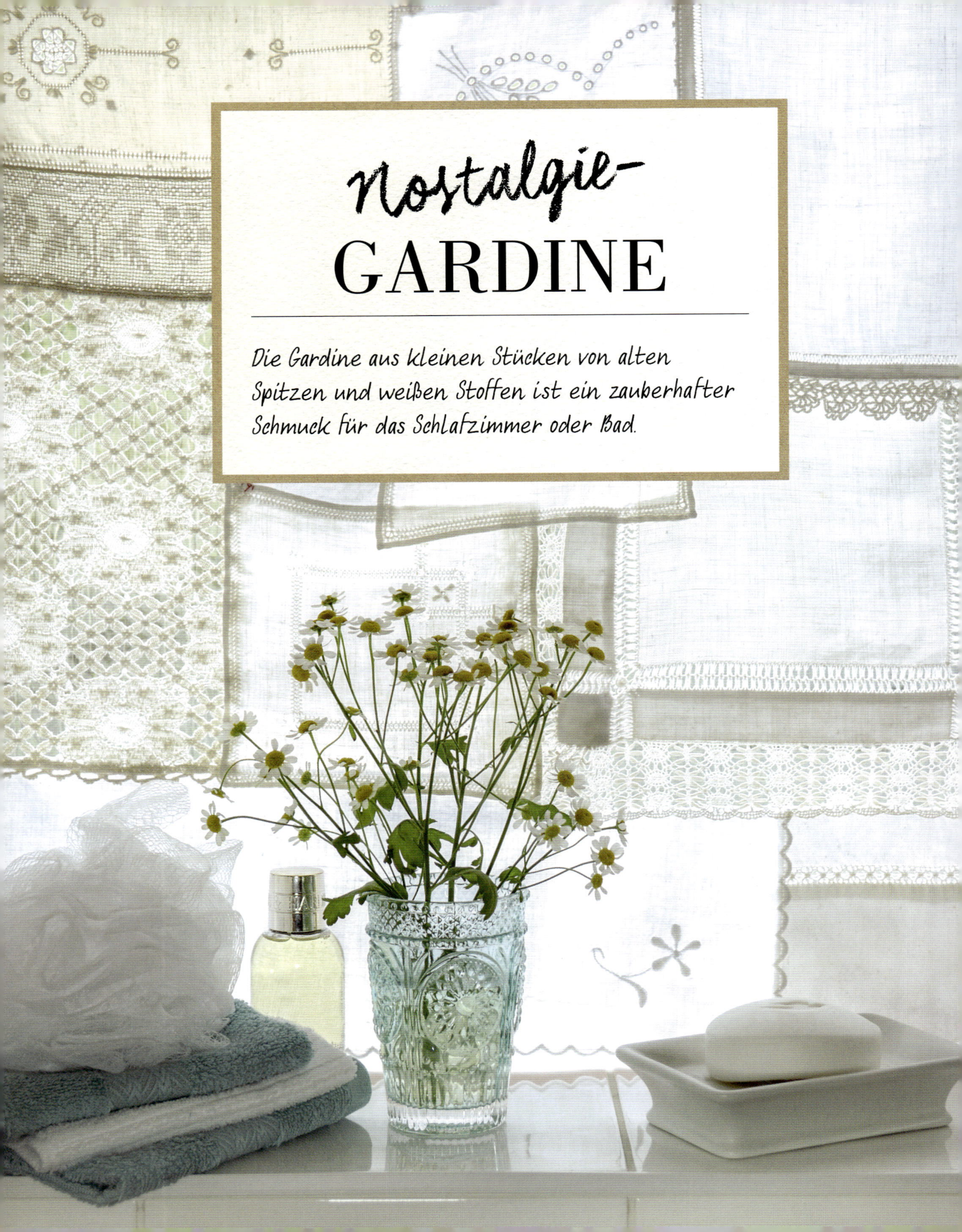

MATERIAL

Stücke von Spitzen, Lochstickerei, Deckchen, Geschirrtüchern und anderen alten, weißen Haushaltstextilien in Ausstattungsqualität
Passendes Nähgarn
Bügeleisen und -brett
Bleistift und Lineal
Schnittmusterpapier oder Packpapier
Papier-, Schneider- und Handarbeitsschere
Stecknadeln
Nähmaschine
Gardinenclips oder kleine Gardinenringe
Dünne Gardinenstange oder Spanndraht

FERTIGE GRÖSSE
Die Gardine wird als Patchwork zusammengesetzt, darum muss keine Extrabreite zum Kräuseln kalkuliert werden. Wenn sie in eine Fensternische passen soll, messen Sie für Ihr Schnittmuster einfach Höhe und Breite des Fensters (siehe Schritt 1). Soll sie vor der Nische hängen, messen Sie die Höhe von der Vorhangstange zur Unterkante des Fensterbretts und geben zur Breite etwa 5 cm dazu, damit sie nicht zu schmal wirkt.

ANMERKUNGEN
❖ Der Mix verschiedener Stoffe macht die Gardine abwechslungsreich und interessant. Die zarten Nuancen von Weiß, Creme und Ecru wirken frisch und edel zugleich.
❖ Ideal für Schlafzimmer oder Bad, weil die Gardine Sichtschutz bietet, ohne zu verdunkeln.

TIPP
Achten Sie vor dem Zusammennähen darauf, dass alle Stoffstücke glatt sind. Bei Bedarf bügeln.

SO WIRD ES GEMACHT

1) Alle Stoffteile waschen und bügeln. Breite und Höhe der Gardine ermitteln und ein Rechteck dieser Größe aus Schnittmusterpapier oder Packpapier ausschneiden. Dies ist das Schnittmuster.

1)

TIPP

Feine Taschentücher mit Spitzenkante oder Spitzendeckchen – vielleicht von der Großmutter geerbt – eignen sich hervorragend für diese Gardine. Die Spitzenelemente lassen viel Licht durch, aber die gewebten Partien dazwischen bieten ausreichenden Sichtschutz.

2) Legen Sie die Stoffe lose auf Ihr Schnittmuster, und probieren Sie verschiedene Anordnungen aus. Nutzen Sie gesäumte oder versäuberte Stücke für die äußeren Kanten – so sparen Sie sich viel Arbeit. Wenn Ihnen die Anordnung gefällt, schneiden Sie die Stücke passend zu. Berücksichtigen Sie dabei 1 cm Nahtzugabe – sie kann später schmal zurückgeschnitten werden.

3) An der Unterkante beginnen und die ersten beiden Stoffstücke so zusammenstecken, dass ihre Kanten mindestens 1 cm überlappen. Die rechte Stoffseite beider Stücke liegt oben. Die Breite der Überlappung hängt auch vom Typ des Stoffs ab. Vertrauen Sie ruhig auf Ihr Gefühl.

4) Die Teile 5 mm neben der Kante mit dem geraden Steppstich der Nähmaschine zusammennähen, dabei unbedingt durch beide Stofflagen nähen. Wenn der obere Stoff Spitze ist, verwenden Sie einen schmalen Zickzackstich und schneiden die Nahtzugabe anschließend dicht neben der Naht ab. Das obere Teil an der Nahtlinie so umbügeln, dass seine rechte Seite nach oben zeigt.

5) Eins nach dem anderen die weiteren Stücke ebenso festnähen, bis die Gardine fertig ist. Die Nähte sorgfältig bügeln, damit die Gardine glatt hängt.

6) Alle Fadenenden auf der Vorderseite kurz abschneiden. Die Gardine umdrehen und auf der Rückseite die Nahtzugaben knapp neben den Nahtlinien zurückschneiden. Auch hier alle Fadenenden abschneiden, damit die Gardine sauber und ordentlich aussieht.

7) Zum Aufhängen in gleichmäßigen Abständen Klammern an der Oberkante befestigen oder kleine Metallringe annähen, dann auf eine Stange oder einen Spanndraht fädeln. An einem schmalen Fenster kann es genügen, Ringe an die oberen Ecken der Gardine zu nähen und an Nägeln oder Haken beiderseits des Fensterrahmens aufzuhängen.

2)

3)

4)

6)

Kannen WÄRMER

Dieses Modell steht und fällt mit der Stoffwahl. Wir haben einen blau-gelben Druckstoff im Retrostil mit orangen Bindebändern kombiniert.

MATERIAL

60 x 20 cm gemusterter Stoff
30 x 20 cm dünnes Volumenvlies
130 cm Schrägband in Kontrastfarbe
Passendes Nähgarn
Maßband
Schneiderkreide oder selbstlöschender Textilstift
Schneider- und Handarbeitsschere
Stecknadeln
Nähmaschine
Dampfbügeleisen und Bügelbrett
Handnähnadel

FERTIGE GRÖSSE

Die Maße sind für eine Teekanne oder einen Kaffeebereiter für 6–8 Tassen berechnet, der 15 cm hoch ist und einen Umfang von etwa 29 cm hat. Sie können leicht abgewandelt werden.

ANMERKUNG

❖ Die Nahtzugabe beträgt 1,5 cm.

TIPP

Volumenvlies wird als Wattierung für Quilts verwendet, hält aber wegen seiner guten Isolierwirkung auch Tee und Kaffee schön warm. Es wird in verschiedenen Stärken angeboten und besteht aus Baumwolle, Polyester oder einer Fasermischung.

SO WIRD ES GEMACHT

1) Den Umfang des Kaffeebereiters messen, dabei eine Lücke für den Griff einkalkulieren. Die Höhe vom Boden bis zur Oberkante messen. Die Höhe verdoppeln. Zur doppelten Höhe und zum Umfang jeweils 3 cm addieren. Ein Stück Stoff in dieser Größe zuschneiden.

2) Den Stoff rechts auf rechts zur Hälfte falten, sodass er der Höhe der Kanne entspricht. In exakt dieser Größe ein Stück Volumenvlies zuschneiden.

3) Das Volumenvlies auf eine linke Seite des Stoffs stecken und die senkrechten kurzen Kanten nähen.

4) Auf rechts wenden (Vlies liegt innen). Vier senkrechte Stepplinien in gleichmäßigen Abständen durch alle drei Lagen nähen.

3)

4)

6)

5) Das Schrägband aufklappen und rechts auf rechts so an die Oberkante stecken, das die Enden 1 cm überstehen. Im Bruch des Schrägbands festnähen. An der Unterkante des Wärmers wiederholen. Bügeln.

6) Das Schrägband über die Kante des Wärmers falten, die überstehenden Enden einschlagen. Feststecken.

7) Die noch offene Kante des Schrägbands von Hand festnähen. Diese Seite liegt später an der Kanne, also innen.

8) Für die Bindebänder vier Stücke Schrägband (je 15 cm) zuschneiden, der Länge nach zusammenfalten und -nähen. Die Positionen der Bindebänder festlegen (zwei auf jeder Seite, abhängig von Lage und Größe des Griffs). Die letzten 1,5 cm jedes Bands an einer Markierung auf der Innenseite des Wärmers feststecken und von Hand festnähen.

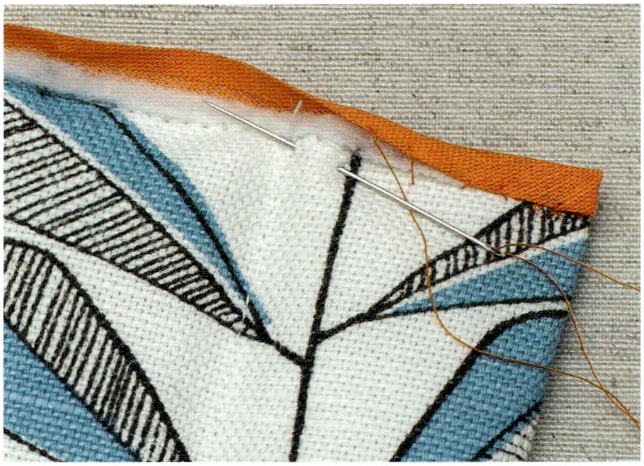
7)

8)

Stoff-
BLUMEN

Die edel glänzenden Blumen peppen jede Jacke auf. Sie können Sie alternativ auch an eine Mütze, eine Tasche oder ein Haarband stecken.

Seidige Blütenblätter

Rosen, Päonien und andere Blumen haben oft leicht gekräuselte Blütenblattränder. Mit geschnittenem Stoff lässt sich diese Optik nicht nachempfinden, wohl aber durch vorsichtiges Ansengen der Stoffkaten.

MATERIAL

36 x 4 cm seidiger Synthetikstoff
Passendes Nähgarn
Schneiderschere
Handnähnadel
Kerze und Streichhölzer
Broschenrohling, große Sicherheitsnadel oder Haarspange
Textilkleber (bei Bedarf)

FERTIGE GRÖSSE
Die Blumen sind 8–10 cm groß.

ANMERKUNGEN
❖ Verwenden Sie Synthetikstoffe wie Satin, Tüll oder Organza. Die Kanten solcher Stoffe schmelzen beim Ansengen. Seide dagegen würde verbrennen.

SO WIRD ES GEMACHT

1) Das Ende des Stoffstreifens 3 cm umfalten. Weiter ziehharmonikaförmig falten, bis ein dickes Viereck von 3 x 4 cm entstanden ist.

2) Mit einer scharfen Schere das Viereck durch alle Lagen in Blütenblattform schneiden, dabei 1 cm über der Unterkante beginnen und enden. Es macht nichts, wenn die Form etwas unregelmäßig ausfällt, das wirkt sogar natürlicher.

3) Den Streifen ausbreiten und entlang der geraden Kante mit sehr langem, geradem Steppstich nähen.

1)

2)

5)

6)

4) Eine Kerze anzünden. Die Kanten der Stoffblütenblätter vorsichtig an die Flamme halten, sodass der Synthetikstoff schmilzt. Die Stoffkanten werden dabei hart und rollen sich etwas ein. Falls sie zu brennen beginnen oder Rauch entsteht, halten Sie den Stoff zu nahe an die Flamme.

5) Wenn alle Kanten angesengt sind, kräuseln Sie den Stoffstreifen mithilfe des Fadens an der Unterkante zusammen. Dann den Streifen aufrollen und die Blütenblätter in Form zupfen. Dabei können Sie den Kräuselfaden stellenweise fester ziehen oder lockern. Nicht zu fest und nicht zu locker aufrollen, die Blütenform soll natürlich wirken.

6) Die aufgerollte Blüte an ihrer Unterseite mit einigen Stichen durch alle Lagen zusammenhalten. Einige der äußeren Blütenblätter herunterbiegen und insgesamt mit der Hand in Form zupfen.

7) Die Blüte an einen Broschenrohling, eine Sicherheitsnadel oder eine Haarspange kleben oder, wenn sich der Rohling dafür eignet, nähen. Dabei muss darauf geachtet werden, dass die Stiche auf der Vorderseite nicht zu sehen sind.

Aufgerollte Blüte

Ideal zur Resteverwertung: Für diese Blüte brauchen Sie nur zwei schräg zugeschnittene Stoffstreifen. Nach dem Aufrollen fallen sie schön füllig.

MATERIAL

Zwei Streifen seidiger Synthetikstoff, je 50 x 8 cm, einer uni, einer gemustert, beide schräg zum Fadenlauf geschnitten
Passendes Nähgarn
Handnähnadel
Schneiderschere
Broschenrohling, große Sicherheitsnadel oder Haarspange
Textilkleber (bei Bedarf)

FERTIGE GRÖSSE
Die Blüte ist 8–10 cm groß.

ANMERKUNGEN

❖ Verwenden Sie einen seidigen, dünnen Stoff. Er rollt sich besser als ein dickeres Gewebe und hat einen edlen Glanz.

❖ Suchen Sie einen Unistoff aus, dessen Farbe auch im gemusterten Stoff vorkommt. So harmonieren beide gut miteinander.

SO WIRD ES GEMACHT

1) Aus dem einfarbigen und dem gemusterten Stoff je einen Streifen von 50 x 8 cm im schrägen Fadenlauf zuschneiden.

2) Die Streifen rechts auf rechts mit 1 cm Nahtzugabe an einer Schmalseite zusammennähen. Sie haben dann einen langen Streifen von 98 x 8 cm.

1)

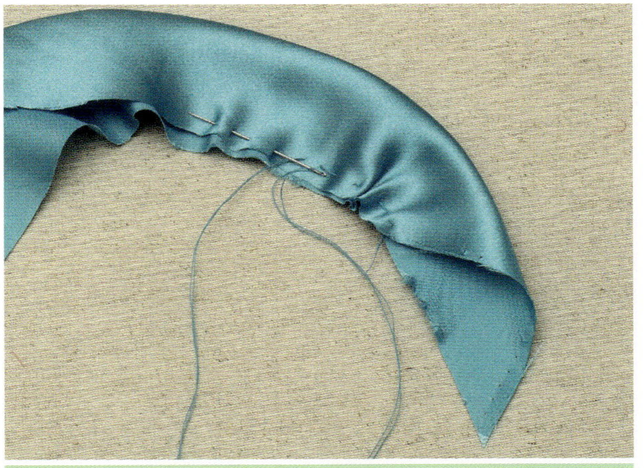

3)

3) Den Streifen längs zur Hälfte falten und nah an den aufeinanderliegenden Schnittkanten von Hand eine Reihe Vorstiche nähen. Den Faden nicht aus der Nähnadel ziehen. Die obere Stofflage beim Nähen etwas stärker dehnen als die untere, damit sich später beim Aufrollen schöne schräge Kräuselfalten bilden.

4) Am Nähfaden ziehen, um den Streifen zu kräuseln. Gleichzeitig den Streifen aufrollen. Dabei weiter kräuseln, mal enger und mal lockerer, und gelegentlich einige Stiche durch die Unterkante nähen, um den gerollten Streifen zu fixieren.

5) Wenn die Blüte fertig aufgerollt ist, noch einige Stiche durch alle Lagen hindurch nähen. Dann die Blüte mit den Fingern in eine schöne, natürliche Form zupfen.

6) Die Blüte an einen Broschenrohling, eine Sicherheitsnadel oder eine Haarspange kleben oder, wenn sich der Rohling dafür eignet, nähen. Dabei muss darauf geachtet werden, dass die Stiche auf der Vorderseite nicht zu sehen sind.

4)

5)

GEKONNT GENÄHT

Das Großartige am Nähen ist, dass Sie wegen der schier grenzenlosen Auswahl von Stoffen absolut einzigartige Kleidungsstücke und Wohnaccessoires gestalten können. Sie werden ihrem Kleid darum nie noch einmal auf der Straße begegnen. Mit solchen Unikaten bringen Sie Ihre Persönlichkeit und ihren ganz individuellen Wohn- und Lebensstil zum Ausdruck.

Pinsel-
UTENSILO

Dieses hübsche Utensilo sieht auf dem Schminktisch gut aus und verhindert, dass sich die Haare und Borsten Ihrer Pinsel verformen.

MATERIAL

40 x 40 cm Stoff für die Außenseite
40 x 40 cm kontrastfarbiger Stoff als Futter
Passendes Nähgarn
150 cm Schrägstreifen in Kontrastfarbe, 2 cm breit
Stecknadeln
Schneider- und Handarbeitsschere
Nähmaschine
Dampfbügeleisen und Bügelbrett

FERTIGE GRÖSSE

Das Utensilo ist 36 x 23 cm groß.

ANMERKUNGEN

❖ Die Nahtzugabe beträgt 1,5 cm.

❖ Das Utensilo macht sich auf Reisen besonders nützlich und eignet sich natürlich auch für Schminkstifte und Mascara.

TIPP

Der Schrägstreifen sieht nicht nur professionell aus, er verstärkt auch die Kante, an der die Pinsel in die Rolle geschoben werden.

SO WIRD ES GEMACHT

1) Außenstoff und Futter an der Oberkante und den Seitenkanten rechts auf rechts stecken. Diese drei Kanten zusammennähen, dann die Nahtzugaben zusammengefasst versäubern. Die Nahtzugaben an den oberen Ecken schräg abschneiden, ohne die Naht zu beschädigen. Auf rechts wenden und bügeln.

2) Ein Stück Schrägband zuschneiden, das 2 cm länger als die Unterkante ist. An die noch offene Unterkante stecken und die Schmalseiten sauber einschlagen. Beide Stofflagen der Rolle werden vom Schrägband eingefasst. Dicht neben der Kante des Schrägbands feststeppen.

1)

2)

3) Das Werkstück ausbreiten, der Unistoff liegt oben. Die Unterkante 15 cm nach oben falten, sodass das Stück 23,5 x 37 cm groß ist. Die gefaltete Kante bügeln.

4) Die Seitennähte stecken und knappkantig zusammensteppen.

5) Für das Bindeband die Schmalseiten des verbliebenen Schrägbands einschlagen. Das Band der Länge nach zur Hälfte falten und die offenen Kanten zusammenstecken. Alle Nadeln zeigen in dieselbe Richtung. Die Längskanten zusammennähen.

6) Die Mitte des Bands mittig sowie 9 cm unterhalb der Oberkante auf der Außenseite der Rolle feststecken.

7) Die Rolle wenden und in der Mitte über die ganze Höhe von unten nach oben absteppen. Dabei wird das Band mitgefasst und fixiert.

8) Sechs weitere Fächer in verschiedenen Breiten (passend zu Ihren Pinseln) von unten nach oben absteppen. Achtung: Dabei nicht die Bindebänder versehentlich mitfassen.

TIPP

Die Größe dieser gesamten Rolle sowie ihrer Fächer lässt sich leicht abwandeln, um andere Dinge darin zu verstauen, beispielsweise Nähutensilien, Schmuck, Stifte oder Strick- und Häkelnadeln.

7)

8)

Schneller
PATCHWORK-QUILT

Dieses Modell ist sehr leicht zu nähen und eignet sich bestens zum Verwerten all der Stoffreste, die zu schade zum Wegwerfen sind. Das Ergebnis ist praktisch und ausgesprochen individuell.

MATERIAL

Je 25 x 60 cm von 15 verschiedenen Stoffen ähnlicher Qualität und Stärke
Nähgarn in einer neutralen Farbe
160 x 110 cm Baumwollstoff für die Rückseite
160 x 110 cm leichtes Volumenvlies
Feste Pappe für die Schablone
Lineal und Bleistift
Papier-, Schneider- und Handarbeitsschere
Schneiderkreide oder selbstlöschender Textilstift
Lange Stecknadeln (speziell zum Quilten)
Nähmaschine
Dampfbügeleisen und Bügelbrett
Handnähnadel

FERTIGE GRÖSSE
Der Quilt ist ca. 150 x 100 cm groß.

ANMERKUNGEN
❖ Die Nahtzugabe beträgt 1 cm.
❖ Stellen Sie 15 Stoffe zusammen, deren Muster und Farben miteinander harmonieren. Achten Sie auf die Musterart: Große Motive verlieren ihre Wirkung, wenn sie zerschnitten werden. Vielleicht möchten Sie den Quilt auch Ton in Ton gestalten?
❖ Der Quilt eignet sich gut zur Resteverwertung. Alternativ – falls Sie keine Stoffreste haben – können Sie in einem Geschäft für Quiltbedarf 15 sogenannte Fat Quarters kaufen. Jedes ist etwa 55 x 50 cm groß und ergibt zwölf Quadrate. Da bleibt genug übrig, um noch passende Kissenbezüge zu nähen.
❖ Probieren Sie verschiedene Kombinationen aus. Streuen Sie ungewöhnliche Stoffe ein, vielleicht auch Lieblingsstoffe oder Reste von einem Kleid, das Sie zu einem besonderen Anlass getragen haben. So entsteht ein Quilt, der eine ganz persönliche Geschichte erzählt.

> **TIPPS**
> Ebenso können Sie auch Kissenbezüge zusammensetzen. Für ein Kissen von 40 x 40 cm brauchen Sie vier Reihen mit je vier Quadraten. Auf die Wattierung wird verzichtet.
>
> Etwas anders sieht das Muster aus, wenn Sie Quadrate und Rechtecke verschiedener Länge, aber gleicher Breite zusammensetzen.

SO WIRD ES GEMACHT

1) Mit Lineal und Bleistift ein Quadrat mit 12 cm Kantenlänge auf feste Pappe zeichnen und ausschneiden. Dies ist Ihre Schablone.

2) Die Schablone auf der linken Seite eines der Stoffstücke in eine Ecke legen und den Umriss nachzeichnen. Weitere neun Quadrate ohne Zwischenräume ebenso anzeichnen. Die Quadrate ausschneiden.

3) Schritt 2) mit den anderen Stoffen wiederholen, sodass Sie am Ende insgesamt 150 Quadrate haben.

4) Die Quadrate auf einer großen, ebenen Fläche (evtl. auf dem sauberen Fußboden) in zehn Reihen à 15 Quadrate auslegen. Probieren Sie nun verschiedene Kombinationen aus. Wenn Sie zufrieden sind, legen Sie die Teile jeder Reihe auf einen separaten Stapel, ohne die Reihenfolge zu verändern. Die Stapel nummerieren.

5) Die ersten beiden Teile von Reihe 1 an einer Kante rechts auf rechts zusammenstecken und -nähen. Die weiteren Quadrate ebenso annähen, sodass ein langer Streifen entsteht. Die Nähte auseinanderbügeln.

6) Die Streifen aller zehn Reihen auf diese Weise zusammennähen.

7) Reihe 1 und 2 rechts auf rechts aufeinanderlegen, die Quernähte ausrichten, stecken und nähen. Die weiteren Reihen ebenso annähen. Die Nähte auseinanderbügeln.

5)

7)

TIPP
Achten Sie darauf, den Heftfaden nicht zu fest zu ziehen, sonst kann der Stoff wellig werden oder der Quilt Falten bekommen.

8) Das Volumenvlies auf einer großen Arbeitsfläche ausbreiten und glätten. Das Patchwork darauflegen, rechte Stoffseite oben.

9) Den Stoff für die Rückseite rechts auf rechts auflegen und sorgfältig glattstreichen.

10) Alle drei Lagen von der Mitte nach außen mit langen Stecknadeln zusammenstecken. Die Lagen senkrecht und waagerecht in der Mitte zusammenheften, dann die Ränder heften. Die Nadeln herausnehmen.

11) Die Kanten zusammennähen, aber in einer Schmalseite eine 30–40 cm lange Öffnung zum Wenden lassen. Die Nahtzugaben mit Zickzackstichen zusammen versäubern, im Bereich der Nahtzugaben separat. Fadenenden und überstehenden Stoff abschneiden.

12) Den Quilt durch die Öffnung wenden und die Kanten sorgfältig bügeln. Die Heftstiche entfernen und die Öffnung von Hand zunähen.

TIPP
Wenn die Nähte nicht exakt zusammenpassen, kann es an der Stoffstruktur oder an unregelmäßigen Nahtzugaben liegen. Das ist nicht schlimm – kleine Ungenauigkeiten haben sogar ihren Charme. Wichtig ist, dass der Stoff glatt liegt.

8)

11)

Wäschebeutel MIT ZUGSCHNUR

Haben Sie bereits einen Vorrat an Stoffresten, die zum Wegwerfen zu schade, aber für ein größeres Projekt zu klein sind? Dann nähen Sie daraus doch einen praktischen Patchworkbeutel, in dem Schmutzwäsche stilvoll verstaut wird.

MATERIAL

Stoffreste in verschiedenen Naturfarben und Mustern
48 x 118 cm beliebigen Baumwollstoff für das Futter
Garn in den Farben der Stoffe
2 Stücke rosa Ripsband, 80 cm lang, 2,5 cm breit
Bleistift und Lineal
Schnittmusterpapier oder Packpapier
Papier-, Schneider- und Handarbeitsschere
Handy/Kamera (nach Wunsch)
Nähmaschine
Bügeleisen und -brett
Stecknadeln
Sicherheitsnadel

FERTIGE GRÖSSE

Der Beutel ist ca. 46 x 57 cm groß.

ANMERKUNGEN

❖ Die Nahtzugabe beträgt 1 cm, sofern nicht anders angegeben.

SO WIRD ES GEMACHT

1) Für den äußeren Patchworkbeutel Stoffe zusammenstellen, die gut miteinander harmonieren. Mit Bleistift und Lineal auf dem Schnittmusterpapier oder Packpapier zwei 48 x 59 cm große Rechtecke zeichnen und ausschneiden.

2) Die Stoffe auf die beiden Schnittmuster legen, um eine ausgewogene Anordnung zu finden. Vorteilhaft sind mindestens zwei Stücke in der vollen Breite des Schnittmusters für die offene Oberkante des Beutels. Es empfiehlt sich, die gewählte Anordnung zu fotografieren, um sie später leicht rekonstruieren zu können.

2)

4)

6)

8)

3) Nun die Patchworkteile für Vorder- und Rückseite des Beutels zusammennähen. Am besten zuerst alle senkrechten Nähte schließen, dann die waagerechten.

4) Alle Nähte auseinanderbügeln. Die Nahtzugaben mit engem Zickzackstich versäubern und die Teile von rechts bügeln. Messen Sie die Teile oder legen Sie wieder das Schnittmusterpapier auf, und schneiden Sie beide auf 48 x 59 cm zu. Danach die Außenkanten mit Zickzackstichen versäubern.

5) Die beiden Patchworkteile rechts auf rechts an der Unterkante bündig zusammenstecken und -nähen.

6) Die Seitennähte schließen, dafür unten beginnen und 52 cm nähen. Anfang und Ende der Naht mit Rückstichen verriegeln. Dann eine 4 cm lange Lücke lassen und den oberen Teil jeder Seitennaht schließen. Beide Enden verriegeln. Die andere Seite ebenso schließen. Die Nähte auseinanderbügeln und den Beutel auf rechts wenden.

7) Für das Futter ein Stück Baumwollstoff von 48 x 118 cm zuschneiden. Rechts auf rechts quer zur Hälfte falten und die langen Seitennähte schließen. Mit Zickzackstich versäubern und die Nähte bügeln.

8) Das Futter rechts auf rechts über den Patchworkbeutel ziehen; Seitennähte und untere Naht liegen aufeinander. Die Oberkanten beider Lagen zusammenstecken. Zusammennähen, dabei an einer Seitennaht beginnen und eine 15 cm lange Öffnung zum Wenden lassen.

9) Den Beutel auf rechts wenden – das Futter befindet sich nun innen. Die Oberkante bügeln und dabei das Futter minimal nach innen schieben, sodass es von außen nicht zu sehen ist. Die Wendeöffnung von Hand zunähen.

10) Für den Tunnelzug einmal um den oberen Rand des Beutels steppen. Die Naht liegt auf Höhe der oberen Öffnung in der Seitennaht. Eine zweite Runde auf Höhe der unteren Öffnung in der Seitennaht steppen.

11) Eine Sicherheitsnadel am Ende eines Ripsbands befestigen. Die Nadel in die eine Öffnung des Tunnels schieben, ringsherum fädeln und an der gleichen Stelle wieder herauskommen. Mit dem zweiten Band wiederholen, jetzt aber in die gegenüberliegende Öffnung einschieben und dort auch wieder herauskommen.
Die Enden jedes Bands auf gleiche Länge ziehen und doppelt miteinander verknoten.

TIPP
Ein Patchwork aus verschiedenen Stoffen kann sehr unruhig aussehen. Das lässt sich vermeiden, indem Sie miteinander harmonierende Farben verwenden oder – wie in diesem Beispiel – ein größeres Teil aus einem einfarbigen Stoff zuschneiden.

11)

Bequemer SITZSACK

Sitzsäcke sind herrlich gemütlich und passen ebenso gut ins Wohnzimmer wie ins Kinderzimmer. Dieses Modell hat einen abnehmbaren Bezug – zum Waschen oder wenn Sie einmal Lust auf Veränderung haben.

MATERIAL

3 m Nessel, 150 cm breit
3 m gemusterter, robuster Dekostoff oder stabiler Baumwollstoff, 150 cm breit
50 x 50 cm Fleece in Kontrastfarbe für den Boden
40 cm Gurtband, 6 cm breit, für den Griff
Passendes Nähgarn
Vorlagen von Seite 120–121
Pappe und Bleistift
Papier-, Schneider- und Handarbeitsschere
Schneiderkreide
Ca. 60 cm Klettband
Ca. 200 l Styroporkügelchen

FERTIGE GRÖSSE

Der Sitzsack ist ca. 100 x 60 cm groß.

ANMERKUNGEN

❖ Die Nahtzugabe beträgt 1,5 cm.

❖ Weil Sitzsäcke strapaziert werden, sollten Sie für den Bezug einen robusten Stoff verwenden, den Sie in der Maschine waschen können.

SO WIRD ES GEMACHT

1) Die Vorlagen von Seite 120–121 auf 400 % vergrößern und aus Pappe Schablonen für Seitenteil, oberen Kreis und untere Halbkreise zuschneiden. Die Umrisse der Schablonen auf der Rückseite der jeweiligen Stoffe nachzeichnen, dann zuschneiden. Sie brauchen sechs Seitenteile aus Nessel und sechs aus Oberstoff, je einen oberen Kreis aus Nessel und Oberstoff, zwei Halbkreise aus Fleece für den Boden und einen ganzen Kreis aus Nessel für den Boden. Dafür den Nessel zur Hälfte falten, eine Halbkreisschablone mit der geraden Kante am Stoffbruch anlegen und zuschneiden.

2) Die sechs Seitenteile aus Nessel rechts auf rechts zusammennähen – zur Verstärkung am besten zweimal.

2)

3) Den oberen Kreis aus Nessel rechts auf rechts an die Oberkante der Seitenteile stecken und nähen.

4) Den Boden ebenso annähen, aber eine 30 cm große Öffnung zum Füllen lassen.

5) Die gerundeten Nahtzugaben mit der Schere einkerben, damit sie flach liegen, und den Beutel auf rechts wenden. Mit Styroporkugeln füllen. Wenn er gut gefüllt ist, die Öffnung zustecken und von Hand fest zunähen.

6) Das Gurtband auf der rechten Stoffseite des oberen Kreises aus Oberstoff 3 cm innerhalb der Kanten feststecken. Die Enden des Gurtbands doppelt feststeppen.

7) Die Seitenteile aus Oberstoff ebenso wie den Nessel zusammennähen, dann den oberen Kreis annähen, dabei den Griff nicht versehentlich mitfassen.

8) An beiden Fleecehalbkreisen die gerade Kante 2,5 cm nach innen umfalten. Das Klettband trennen. Ein Teil auf der rechten Seite an die gerade Kante eines Fleecehalbkreises stecken, dabei 2,5 cm Abstand zu beiden Enden halten. Das andere Teil ebenso an die linke Seite des anderen Fleecehalbkreises stecken. Eventuell muss das Klettband dafür leicht gekürzt werden. Die Klettbänder aufeinanderdrücken, um zu prüfen, ob die Teile genau zusammenpassen. Wieder trennen, gegebenenfalls korrigieren, dann die beiden Klettbänder an den Fleeceteilen festnähen. Die Halbkreise wieder zusammenkletten.

9) Den Fleeceboden rechts auf rechts an die Unterkanten der Oberstoff-Seitenteile stecken und nähen.

10) Den gefüllten Nesselsack durch den geöffneten Boden in den Oberstoffbezug stecken.

TIPP
Füllen Sie den Sack bei Windstille im Freien – falls etwas danebengeht.

6)

8)

9)

Gemütliche PYJAMAHOSE

Mit dieser gemütlichen Pyjamahose können Sie es sich auch vor dem Fernseher bequem machen. Sie ist schnell fertig, denn die Beine werden in einem Stück zugeschnitten und haben keine äußeren Seitennähte.

MATERIAL

100 x 145 cm gemusterter Stoff
42 x 54 cm Stoff in Kontrastfarbe für die Besätze
25 cm weiches Gummiband, 2,5 cm breit
Passendes Nähgarn
Vorlage auf Seite 124
Transparentpapier, Bleistift und Papier für das Schnittmuster
Papier-, Schneider- und Handarbeitsschere
Stecknadeln
Nähmaschine
Dampfbügeleisen und Bügelbrett
Sicherheitsnadel

FERTIGE GRÖSSE
Die Hose hat Konfektionsgröße 36–40.

ANMERKUNGEN
❖ Die Nahtzugabe beträgt 2 cm.
❖ Baumwollgewebe eignet sich ebenso gut wie seidige Stoffe. Vielleicht möchten Sie gleich mehrere Hosen nähen?
❖ Die Bindebänder können aus dem Verschnitt des gemusterten Stoffs geschnitten werden. Alternativ aus dem kontrastfarbigen Stoff, dann brauchen Sie hiervon etwas mehr.

SO WIRD ES GEMACHT

1) Die Vorlage von Seite 124 auf 400 % vergrößern und ausschneiden.

2) Den Stoff rechts auf rechts zur Hälfte falten, sodass er 100 x 72 cm groß ist. Den Papierschnitt darauf feststecken – Fadenlauf und Musterrichtung beachten und durch beide Lagen zuschneiden.

3) Die Teile an der vorderen Mittelnaht vom Schritt zur Taille rechts auf rechts stecken. Die hintere Mittelnaht ebenso stecken. Die hintere Mittelnaht nähen.

4) Die vordere Mittelnaht vom Schritt nach oben nähen, aber 6,5 cm vor der Taillenkante anhalten. Die letzten 3,5 cm der Naht schließen – dazwischen bleibt eine 3 cm große Öffnung für das Bindeband.

4)

5) Die Nahtzugaben separat mit Zickzackstichen versäubern. Falls nötig, die Stoffkanten bis an die Zickzacklinie zurückschneiden. Die Nähte auseinanderbügeln.

6) Die inneren Beinnähte rechts auf rechts stecken und nähen, dann die Nahtzugaben zusammengefasst versäubern.

7) Aus kontrastfarbigem Stoff zwei Streifen von 21 x 54 cm für die Besätze zuschneiden. Diese jeweils quer zur Hälfte falten und die Seitennaht schließen. Die Nahtzugaben separat versäubern und auseinanderbügeln. Die Besatz-„röhren" links auf links zur Hälfte falten, offene Schnittkanten und Nähte liegen übereinander. Die Besätze sind nun 10,5 cm breit. Die Faltkante bügeln.

8) Die Besätze aufklappen und je eine Kante rechts auf rechts an die Unterkanten der Hosenbeine stecken. Dabei liegen die Seitennähte von Besatz und Hosenbein bündig. Festnähen, dabei eventuell den Freiarm der Nähmaschine benutzen. Die Nahtzugaben versäubern und zum Besatz hin (also nach unten) bügeln.

9) Die noch unversäuberte Kante jedes Besatzes 1 cm nach links umbügeln. Den Besatz so ins Hosenbein falten, dass er innen 3 mm über die Ansatznaht ragt.

TIPP

Richten Sie die Nähte von Hosenbeinen und Besatz in Schritt 8 sorgfältig aus, damit sich die Hose auch bei Licht sehen lassen kann.

6)

9)

10) Bügeln, dann von außen exakt in der Ansatznaht feststeppen.

11) Die Taillenkante 5 mm nach links umbügeln, dann nochmals 3 cm nach links (innen) umbügeln. Knappkantig feststeppen, dabei mit 2 cm Abstand zur hinteren Mittelnaht beginnen und enden, sodass dort eine 4 cm lange Öffnung bleibt. Die Hose auf rechts wenden.

12) Für die Bänder zwei Stoffstreifen von 75 x 4 cm zuschneiden. Alle langen Kanten 5 mm nach links umbügeln. An jedem Streifen nur eine Schmalseite einschlagen, dann den Streifen längs zur Hälfte falten, stecken und bügeln. Er ist nun 1,5 cm breit. Knappkantig zusammensteppen.

13) Die unversäuberten Enden der Bänder mit zwei Reihen Zickzackstichen an die beiden Enden des Gummibands nähen. Die Sicherheitsnadel an einem Bandende befestigen, an der hinteren Mitte in den Tunnel einfädeln und an der vorderen Öffnung austreten lassen. Das andere Bandende in entgegengesetzter Richtung von der Mitte nach vorn durchziehen. Die hintere Öffnung des Tunnels mit der Maschine zunähen.

14) Das Gummiband mittig ausrichten, dann in der hinteren Mitte von oben nach unten über den Tunnel steppen, damit das Gummiband dort nicht mehr verrutschen kann.

10)

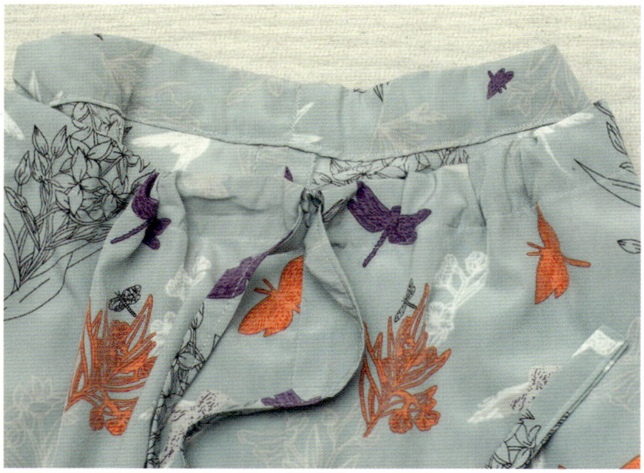

13)

Edle

LEINENSCHÜRZE

Die praktische Schürze im Retrostil hat einen schlichten Schnitt, der viel flotter wirkt als Omas Rüschenschürzen. Sie ist aus reinem Leinen genäht, das schön lässig aussieht. Sie könnten aber auch einen hübschen Baumwollstoff verarbeiten.

MATERIAL

120 x 140 cm Leinen
Passendes Nähgarn
Vorlage von Seite 125
Transparentpapier, Schnittmusterpapier und Bleistift für das Schnittmuster
Schneider- und Handarbeitsschere
Schneiderkreide (bei Bedarf)
Bügeleisen und -brett
Stecknadeln
Nähmaschine

ANMERKUNGEN

❖ Die Schürze in Universalgröße hat im Rücken gekreuzte Träger. Auf Knöpfe und Bindebänder kann darum verzichtet werden. Die große Tasche auf der Vorderseite können Sie auch mit einer senkrechten Naht unterteilen.

❖ Die Nahtzugabe beträgt 1 cm.

❖ Sie können alternativ einen gestreiften, gemusterten oder geblümten Stoff verwenden.

TIPP

Für die Tasche können Sie auch einen kontrastfarbigen Stoff wählen, vielleicht einen gestreiften Drell oder einen robusten Baumwolldruck mit thematisch passenden Motiven wie Törtchen oder Küchenutensilien.

FERTIGE GRÖSSE

Die Schürze ist ca. 86 x 91,5 cm groß.

SO WIRD ES GEMACHT

1) Die Vorlage von Seite 125 auf 533 % vergrößern. Schürze und Beleg zuschneiden. Außerdem zwei Träger von je 75 x 12 cm und eine Tasche von 31 x 26 cm zuschneiden.

2) An den Streifen für die Träger alle langen Kanten 1 cm nach links umbügeln. Die Streifen der Länge nach links auf links zur Hälfte falten und bügeln. Beide Längsseiten knapp absteppen.

2)

3)

3) Das Hauptteil der Schürze ausbreiten, rechte Stoffseite unten. An der Oberkante beginnend die gerundeten Kanten an beiden Seiten 5 mm nach links umbügeln. Die geraden Seitenkanten 1 cm nach links umbügeln, danach nochmals 5 cm nach links umbügeln.

4) Ein Ende eines Trägers so an der oberen Seitenkante unter den 5 cm breiten Einschlag schieben und feststecken oder -heften, dass der Träger nach oben zeigt. Die gerundete Kante etwa 8 mm von der Kante entfernt absteppen, dabei den Träger mitfassen und so fixieren. Den breiten seitlichen Einschlag knappkantig feststeppen. Auf der anderen Seite der Schürze wiederholen.

7)

5) Den Beleg ausbreiten, rechte Stoffseite unten. Die Unterkante 1 cm nach links umbügeln, dann beide Seitenkanten 1 cm nach links umbügeln. Nur die Unterkante des Belegs absteppen.

6) Die Schürze ausbreiten, rechte Stoffseite oben. Den rechten Träger am linken Ende der geraden Oberkante so feststecken, dass er später gerade über dem Rücken liegt. Den linken Träger ebenso über Kreuz legen und feststecken.

7) Beleg und Schürze rechts auf rechts legen und die Oberkanten bündig zusammenstecken. Die Träger liegen dazwischen. Die Oberkante steppen.

8) Aufklappen und die Naht auseinanderbügeln.

9) Den Beleg zur Innenseite der Schürze umklappen und an beiden Seitenkanten feststecken.

8)

10) Die gerundeten Kanten nochmals absteppen – parallel zur ersten Naht und mit 3 mm Abstand zur äußeren Kante.

11) Die Oberkante der Tasche 1 cm nach links umbügeln. Die übrigen Kanten 1 cm nach links umbügeln, dabei im Uhrzeigersinn vorgehen. Zuletzt die Oberkante nochmals 3 cm nach links umbügeln und diesen doppelten Saum feststeppen.

12) Entscheiden Sie selbst, ob die Tasche mittig oder etwas seitlich sitzen soll. Am besten binden Sie die Schürze um und entscheiden so. Die Tasche feststecken und heften, dabei den Fadenlauf beachten. Seitenkanten und Unterkante der Tasche festnähen.

13) Zuletzt in 10 cm Abstand zu einer Taschenseite eine senkrechte Naht von unten nach oben steppen, um die Tasche zu unterteilen. Nicht von oben nach unten nähen, sonst kann sich ein Fältchen bilden, wenn sich der Stoff beim Nähen verschiebt oder dehnt.

14) Die Unterkante der Schürze 1 cm nach links umbügeln, nochmals 5 cm nach links umbügeln und den doppelten Saum knappkantig feststeppen.

10)

11)

Gefütterte STRANDTASCHE

Die Tasche aus dem geometrisch gemusterten Stoff mit orangerotem Futter ist nicht nur schick, sondern auch sehr praktisch.

MATERIAL

100 x 130 cm robuster Baumwollstoff oder leichter Köper für die äußere Tasche
Frottierduschtuch, 70 x 140 cm, für das Futter
1 m dicke, gedrehte Kordel, 1,5 cm Ø, für die Griffe
Passendes Nähgarn
Bleistift oder Schneiderkreide
Lineal oder Maßband
Schneider- und Handarbeitsschere
Bügeleisen und -brett
Nähmaschine
Stecknadeln
4 Ösen, 2 cm Ø
Werkzeug zum Befestigen der Ösen (liegt der Packung bei)

FERTIGE GRÖSSE

Die Tasche ist ca. 63 x 43 cm groß.

ANMERKUNGEN

❖ Die Nahtzugabe beträgt 1 cm, sofern nicht anders angegeben

❖ Das Futter aus Frottier ist saugfähig – praktisch für den Rückweg mit nassen Badesachen.

❖ Wenn Sie als Futterstoff ein Handtuch verwenden, können Sie dessen gesäumte Kanten für die Oberkanten von Tasche und Extrafach nutzen. Alternativ schneiden Sie das Futter aus Frottierstoff in derselben Größe wie die Tasche zu. Für das Extrafach ein Stück von 31 x 20 cm zuschneiden und an einer Längsseite einen 2 cm breiten Saum umnähen.

TIPP

Sie könnten auf die Rückseite ein weiteres Fach nähen und in zwei oder drei Abteile für Sonnenmilch, Handy, Tablet oder eine Getränkeflasche unterteilen.

❖ Wenn Sie keine ausreichend dicke Kordel für den Griff finden, verdrehen Sie zwei dünnere Kordeln miteinander.

SO WIRD ES GEMACHT

1) Aus Oberstoff ein Rechteck von 56 x 130 cm für die Tasche und eins von 16 x 20 cm für das Extrafach zuschneiden. Aus Frottier ein Rechteck von 54 x 130 cm zuschneiden, dabei liegt die gesäumte Kante des Handtuchs an einer Längsseite und bildet später die Oberkante des Futters. Aus dem Rest des Handtuchs ein Extrafach von 31 x 16 cm zuschneiden. Auch hier liegt eine gesäumte Kante an der Längsseite.

2) Die Oberkante des Extrafachs aus Außenstoff 1 cm nach links umbügeln. Nochmals 2,5 cm nach links umbügeln und den doppelten Saum knapp neben dem Bruch feststeppen.

3) Unter- und Seitenkanten des Extrafachs aus Frottier 1 cm nach links umbügeln.

4)

4) Den Oberstoff ausbreiten, rechte Stoffseite oben. Das Extrafach aus Oberstoff – rechte Stoffseite ebenfalls oben – mit 39 cm Abstand zur rechten Seitenkante und 16 cm Abstand zur Oberkante feststecken. Seiten und Unterkante des Fachs knappkantig feststeppen. An den oberen Ecken können Sie zur Verstärkung kleine Dreiecke steppen.

5) Das Innenfach aus Frottier links auf rechts 10 cm unterhalb der Oberkante auf das Frottierfutter stecken. Der Abstand zur rechten Seitenkante beträgt 17 cm. Seiten und Unterkante knappkantig feststeppen, dann das Fach mit einer geraden Naht von unten nach oben zweiteilen.

6) Äußere Tasche und Futter rechts auf rechts quer zur Hälfte falten. An beiden Teilen die Seiten- und Unterkante mit 2 cm Nahtzugabe nähen und die Kanten mit Zickzackstich versäubern. Nur an der äußeren Tasche die Oberkante 2 cm nach links umbügeln.

7) Nun für den Boden die unteren Ecken abnähen. Den Stoff so drehen, dass die Seitennaht genau auf der unteren Naht liegt. Bügeln. Dabei entsteht ein Dreieck. Beide Lagen zusammenstecken und in 7 cm Abstand zur Spitze einen geraden Strich rechtwinklig zu den Nähten zeichnen. Entlang dieser Linie steppen, den überstehenden Zipfel abschneiden und die Nahtzugaben versäubern. An der anderen Ecke wiederholen.

8) Schritt 7 mit den unteren Ecken des Frottierfutters wiederholen.

9) Tasche und Futter auf rechts wenden und alle Nähte bügeln.

10) Das Futter links auf links in die Tasche stecken. Die Nähte und Ecken liegen genau aufeinander. Die Oberkanten beider Teile sorgfältig zusammenstecken und mit 3 mm Abstand zu den Stoffkanten zusammensteppen.

11) Auf beiden Seiten der Tasche 3 cm unter der Oberkante und im Abstand von je 20 cm zu den Seitennähten Punkte anzeichnen. Hier die Ösen einschlagen. Beachten Sie dabei bitte die Hinweise des Herstellers.

12) Die Kordel in zwei Hälften schneiden. Ein Stück auf der Vorderseite der Tasche durch eine Öse nach innen und durch die andere nach außen fädeln. Die Enden außen fest verknoten. Auf der gegenüberliegenden Seite wiederholen.

TIPP

Entscheiden Sie selbst, ob Sie die Tasche in der Hand ober über der Schulter tragen wollen. Danach richtet sich die Länge der Griffe.

5)

7)

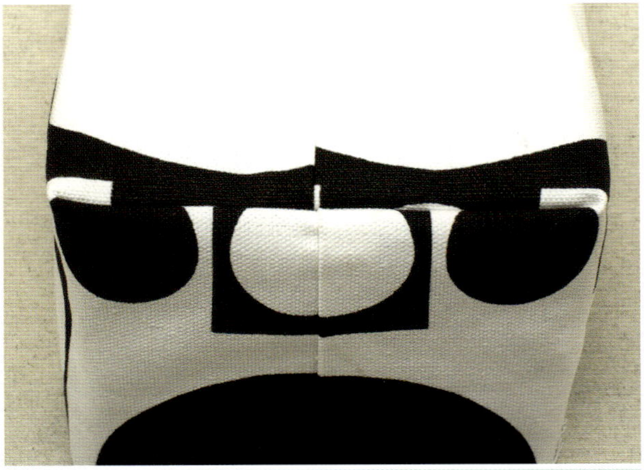

9)

12)

VORLAGEN

Hier finden Sie alle Vorlagen, die Sie für die Modelle in diesem Buch brauchen. Einige müssen vergrößert werden. Einzelheiten dazu und zum Anfertigen von stabileren, wiederverwendbaren Schnittmustern finden Sie auf Seite 22.

BEQUEMER SITZSACK

Siehe Seite 104

Vorlagen auf 400 % vergrößern

Das Raster erleichtert das Zusammensetzen der Teile nach dem Vergrößern.

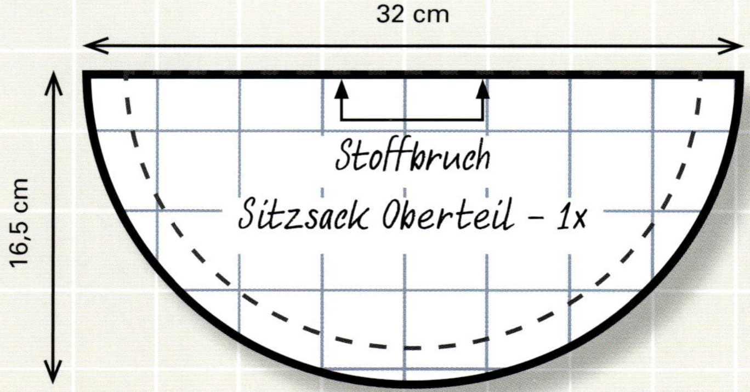

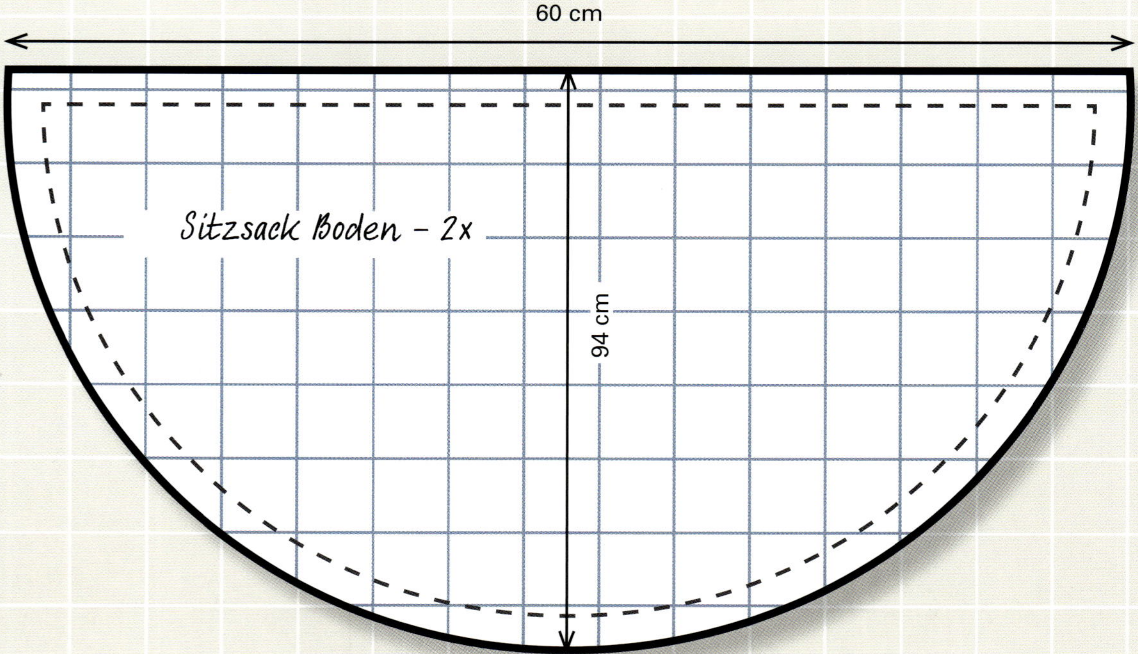

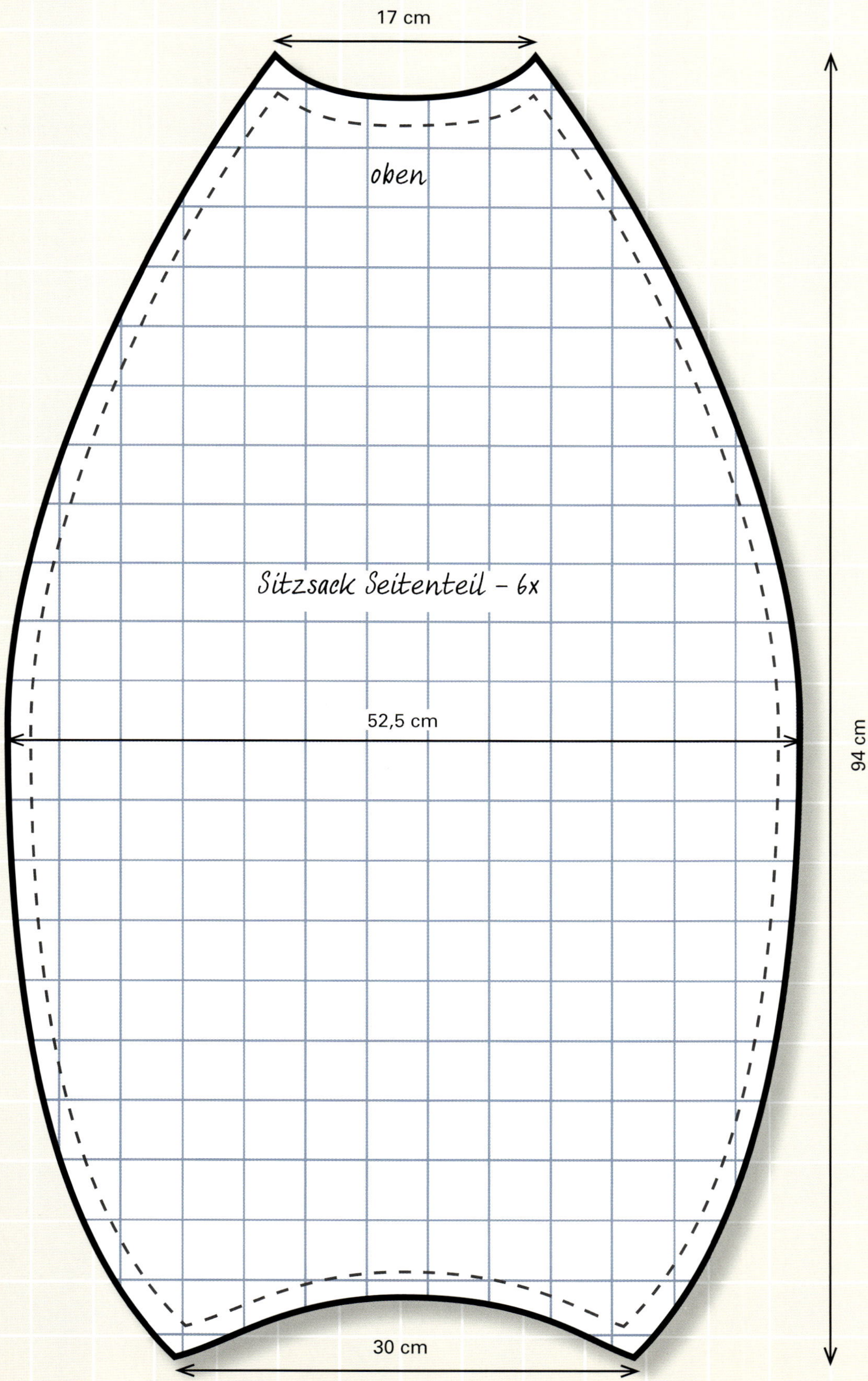
17 cm
oben
Sitzsack Seitenteil – 6x
52,5 cm
94 cm
30 cm

EINFACHER WICKELROCK

Siehe Seite 56

Vorlage auf 400 % vergrößern

Das Raster erleichtert das Zusammensetzen der Teile nach dem Vergrößern.

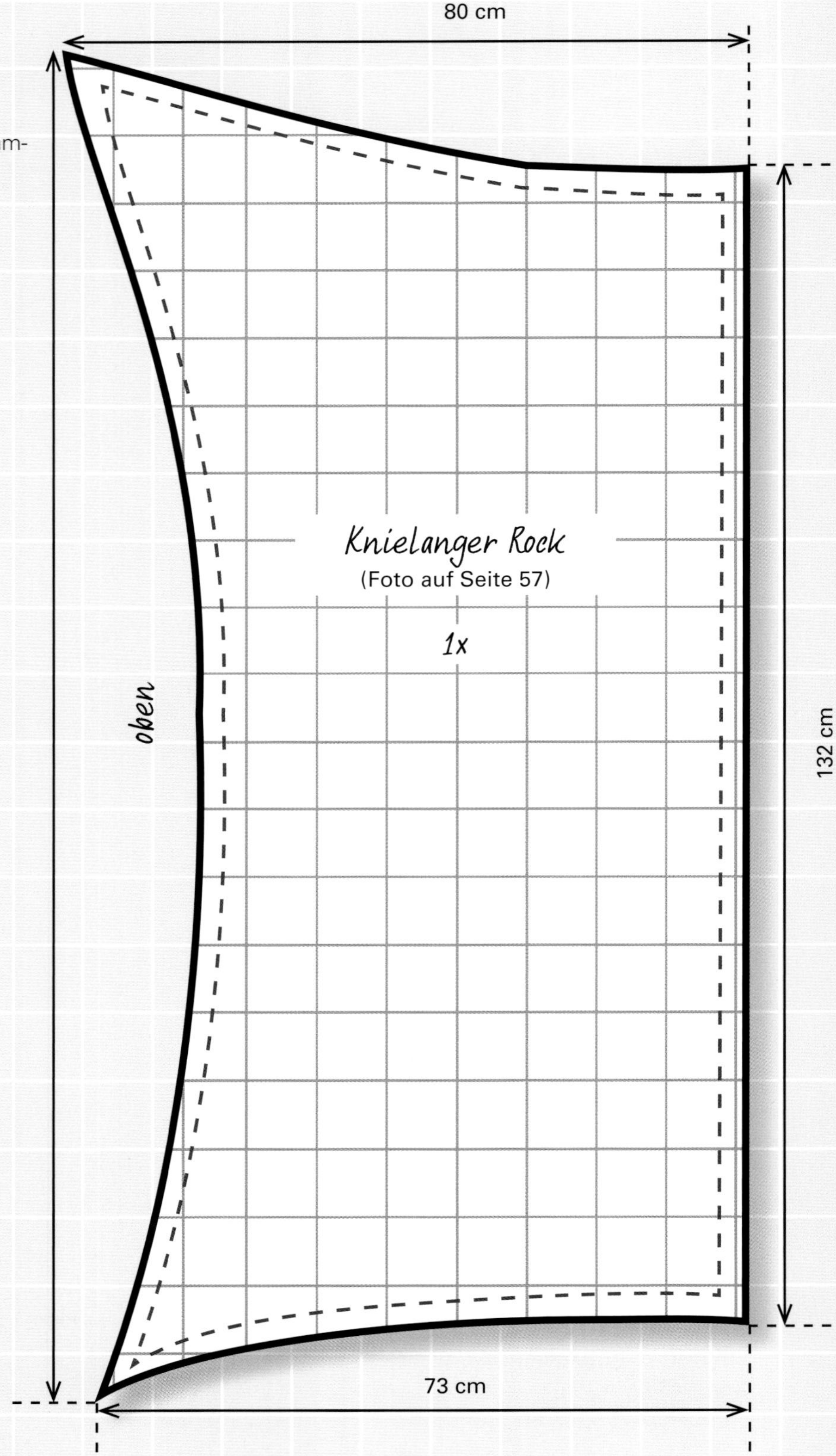

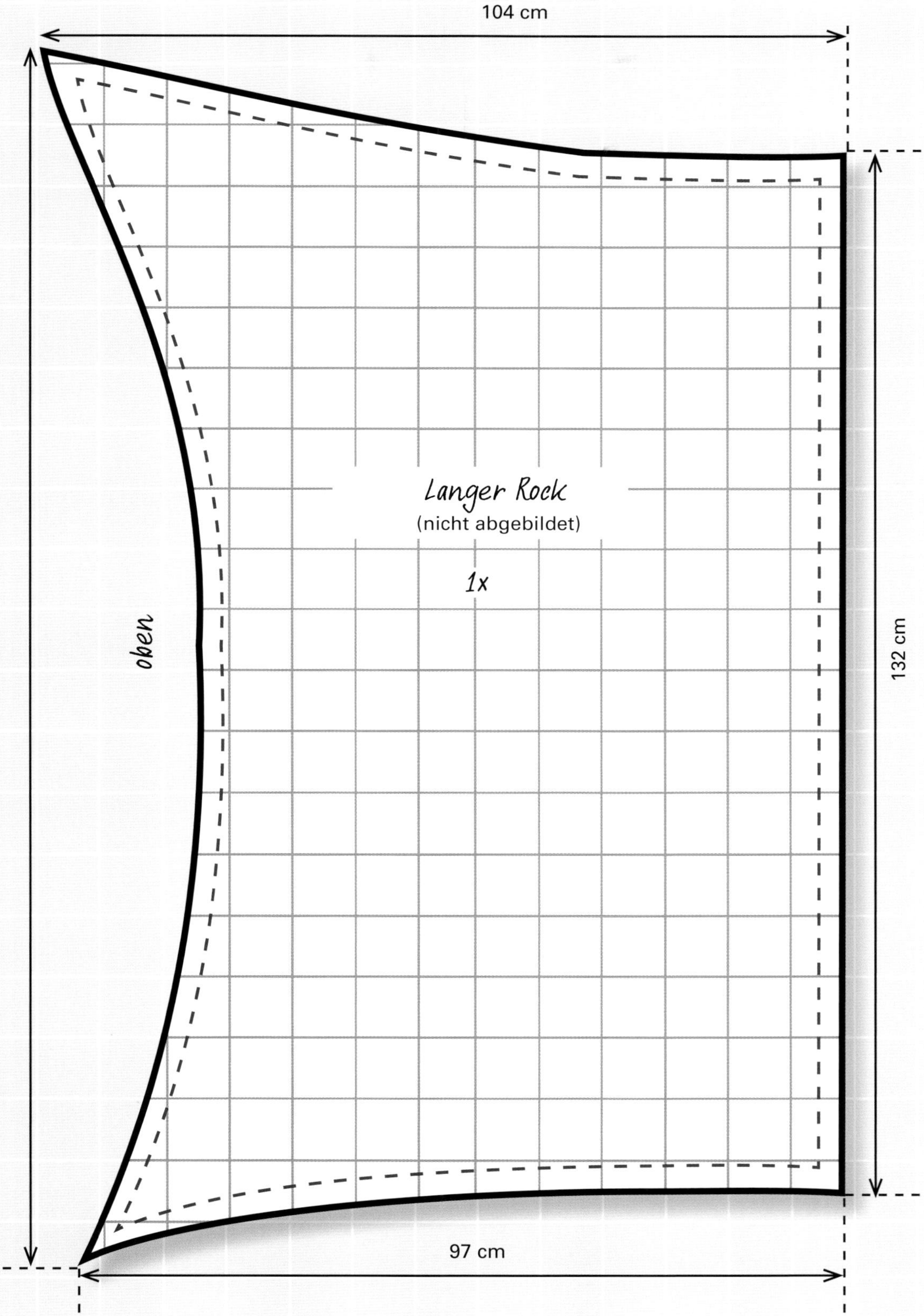
104 cm
Langer Rock
(nicht abgebildet)
1x
oben
132 cm
97 cm

GEMÜTLICHE PYJAMAHOSE

Siehe Seite 108

Vorlage auf 400 % vergrößern

Das Raster erleichtert das Zusammensetzen der Teile nach dem Vergrößern.

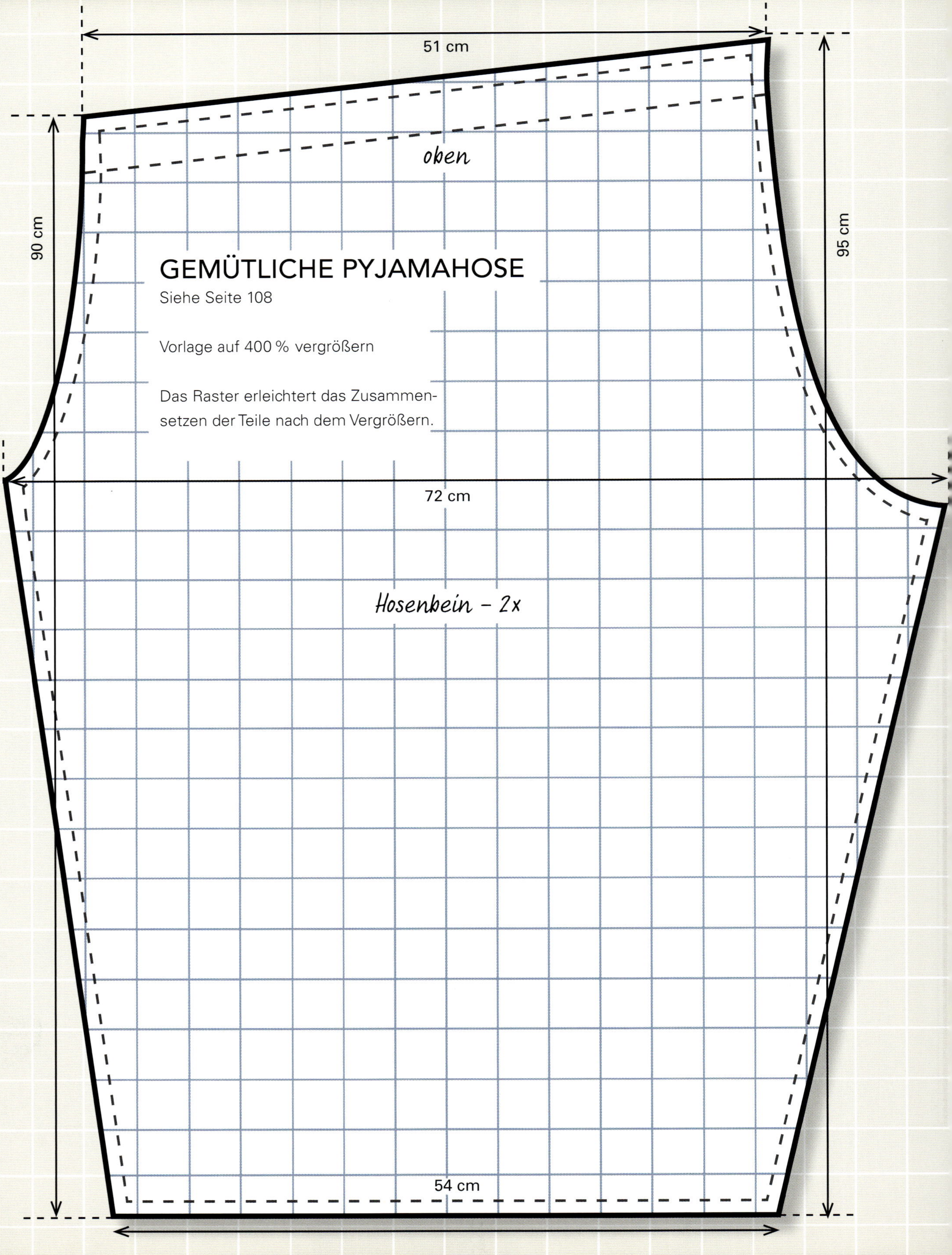

LEINENSCHÜRZE

Siehe Seite 112

Vorlage auf 533 % vergrößern

Das Raster erleichtert das Zusammensetzen der Teile nach dem Vergrößern.

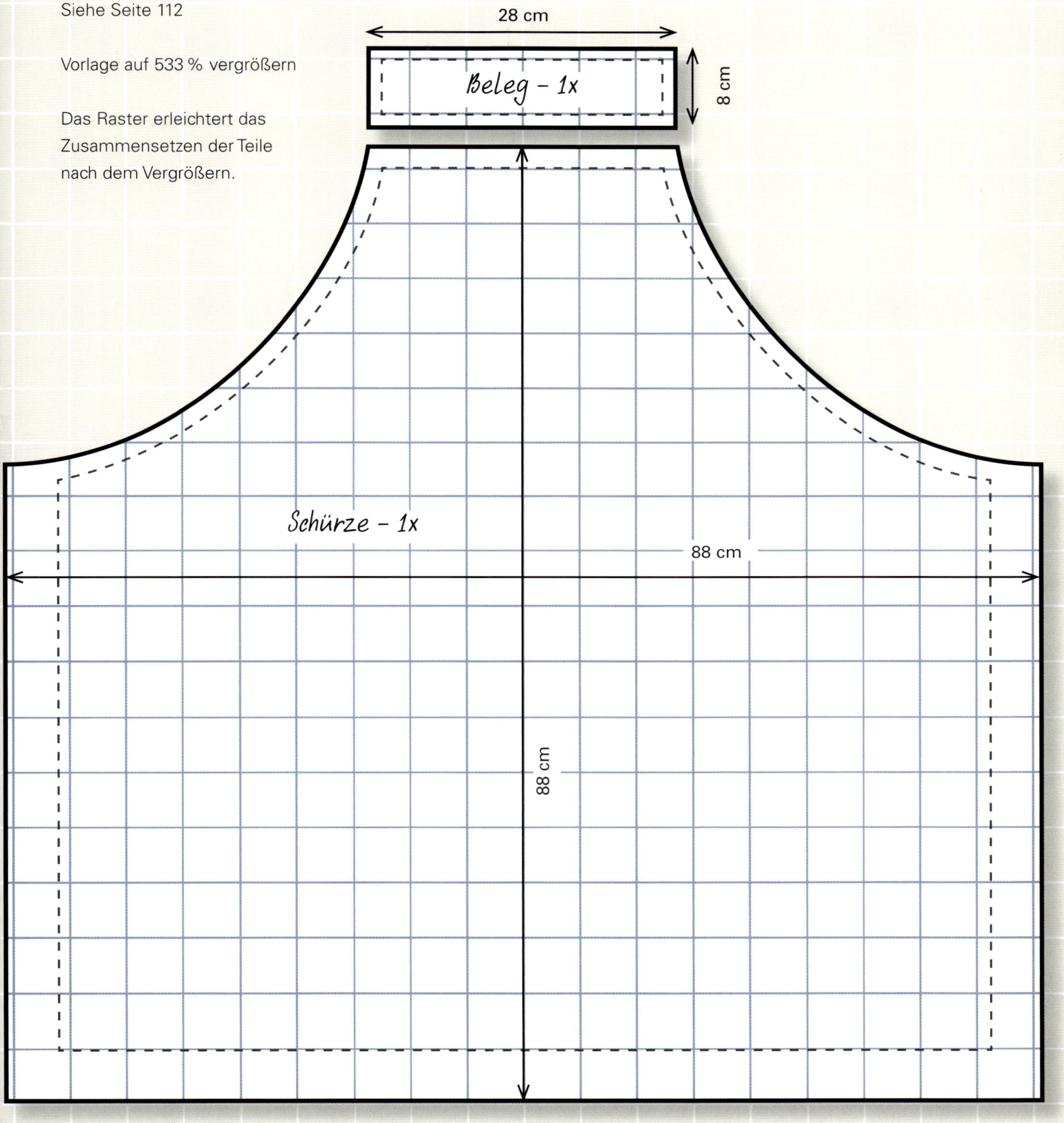

GESTICKTE WANDBILDER

Siehe Seite 54 und 55

Vögel und Flügel nach Belieben vergrößern oder verkleinern

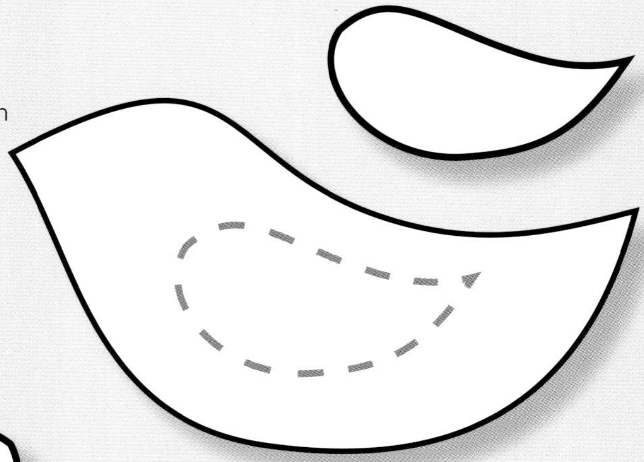

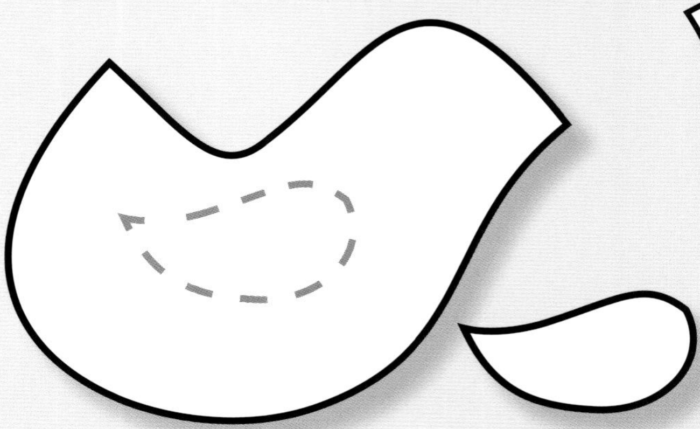

KISSEN MIT HERZAPPLIKATIONEN

Siehe Seite 64

Herzen nach Belieben vergrößern oder verkleinern

GLOSSAR

Absteppen Eine oder mehrere Reihen von Stichen auf die Außenseite eines Werkstücks nähen, oft an einer Kante oder neben einer Naht, manchmal rein dekorativ, manchmal zur Verstärkung. Kann mit passendem oder kontrastfarbigem Garn gearbeitet werden.

Applizieren Ein Motiv aus Stoff auf einen anderen Stoff nähen – von Hand mit Blindstich oder mit der Maschine mit engem Zickzackstich.

Einlage Vlies oder Gewebe, das dazu dient, einen Oberstoff zu verstärken, zu versteifen oder seine Formbeständigkeit zu verbessern. Manche Einlagen werden aufgebügelt, andere eingenäht.

Fadenlauf Die Laufrichtung der Fäden eines Gewebes. Quer zum Fadenlauf: rechtwinklig zu den Webkanten. Mit dem Fadenlauf: parallel zu den Webkanten.

Fat Quarter Ein Stück Stoff von ca. 57 x 50 cm Größe. Das Maß stammt aus den USA und entsteht, indem ein Yard Stoff längs und quer halbiert wird. Fat Quarters werden fertig zugeschnitten verkauft und vorwiegend für Patchwork- und Quiltarbeiten verwendet.

Heften Provisorisches Zusammennähen von Stoffteilen mit langen Stichen. Diese werden nach dem endgültigen Zusammennähen entfernt.

Kettfäden Die Gewebefäden, die auf dem Webstuhl verspannt werden und parallel zu den Webkanten verlaufen.

Naht Die Linie, auf der zwei oder mehr Stoffteile durch eine Reihe von Stichen zusammengehalten werden.

Nahttrenner, auch Trennmesser oder Pfeiltrenner Ein kleines Werkzeug zum Auftrennen von Stichen.

Nahtzugabe Der Abstand zwischen der Schnittkante des Stoffs und der Naht.

Schnittkante Die unversäuberte Kante eines Stoffteils.

Schnittmuster Die Vorlage aus Papier, von der die Einzelteile eines Modells vor dem Zuschneiden und Nähen auf den Stoff übertragen werden.

Schräg zum Fadenlauf Schnittlinien im Stoff, die diagonal zur Laufrichtung der Gewebefäden verlaufen. Schräg zum Fadenlauf zugeschnittene Stoffkanten sind dehnbar. Am höchsten ist die Dehnbarkeit, wenn der Winkel genau 45° zu den Webkanten beträgt.

Schrägstreifen Streifen, die schräg zum Fadenlauf zugeschnitten sind und sich darum dehnen. Sie werden vor allem zum Einfassen von Rundungen verwendet. Man kann Schrägstreifen fertig kaufen oder selbst machen.

Schussfäden Die Gewebefäden, die beim Weben über und unter den fest verspannten Kettfäden »durchgeschossen« werden. Sie verlaufen rechtwinklig zu den Webkanten.

Smoken Eine Nähtechnik, für die elastisches Garn von Hand auf die Spule gewickelt wird. Als Oberfaden dient normales Garn. Näht man mehrere parallele Reihen, ziehen diese den Stoff zusammen.

Spule Die kleine Garnrolle, die unter der Stichplatte in die Spulenkapsel der Nähmaschine eingelegt wird. Auf ihr ist der Unterfaden aufgewickelt.

Strich Eine Stoffoberfläche mit erkennbarer Laufrichtung, z. B. der Flor von Samt oder die Rippen von Cord.

Vorstich Der einfachste Handstich, der entsteht, in dem die Nadel abwechselnd aufwärts und abwärts in den Stoff eingestochen wird.

Wattierung Voluminöses Material aus Baumwolle, Synthetik oder Wolle, das als Meterware verkauft wird und hauptsächlich für Tischsets, Quilts und andere Wohnaccessoires zum Einsatz kommt.

Webkante Die festeren Längskanten eines Stoffs, die nicht ausfransen.

Webware Stoffe, die auf einem Webstuhl produziert werden und aus längs und quer miteinander verkreuzten Fäden bestehen. Leinen und feste Baumwollstoffe fallen in diese Kategorie.

Wirkware Stoffe, die nicht gewebt, sondern aus einem fortlaufenden Faden gestrickt (gewirkt) sind. Die Struktur hängt von der Fadenstärke ab, auch Rippenstrukturen sind möglich. Jersey, T-Shirt-Stoff und Strick fallen in diese Kategorie.

REGISTER